Edmond NEUKOMM

L'ALLEMAGNE

A TOUTE VAPEUR

L'Allemagne sans lui — A quoi tient une guerre
Bismarck et la France — La Jeunesse de Guillaume II
La Morgue des Officiers prussiens
Guillaume II et les Juifs — Un Empereur fin de siècle
Berlin port de mer — Guillaume II chez lui
La Fortune de l'Empereur
Quadruple alliance — Cronstadt et Portsmouth
Le Vaisseau fantôme... etc., etc.

PARIS

ERNEST KOLB, ÉDITEUR

8, RUE SAINT-JOSEPH, 8

L'ALLEMAGNE

A TOUTE VAPEUR

ÉMILE COLIN — IMPRIMERIE DE LAGNY

EDMOND NEUKOMM

L'ALLEMAGNE

A TOUTE VAPEUR

PARIS

ERNEST KOLB, ÉDITEUR

8, RUE SAINT-JOSEPH, 8

L'ALLEMAGNE

A TOUTE VAPEUR

CHAPITRE PREMIER

L'ALLEMAGNE SANS LUI

Un virtuose s'est révélé.
La musette de M. de Bismarck.
Souvenirs d'antan.
Deux influences. — Le socialisme impérial.
Un mot malheureux.

Un jour, comme l'empereur Guillaume II travaillait aux fameux rescrits d'où devait sortir l'Allemagne moderne, un grand vacarme de rires et de musique se produisit dans la pièce voisine.

Impatienté, le souverain se leva pour mettre le

holà, se doutant bien que ses enfants venaient, suivant leur coutume, d'inventer une récréation nouvelle. Mais quel ne fut pas son étonnement, en
poussant la porte, d'apercevoir M. de Bismarck
tournant gravement la manivelle d'un orgue de
Barbarie, tandis que les petits princes se livraient
aux danses les plus animées.

A ce spectacle, et malgré ses préoccupations du
moment, l'empereur ne put s'empêcher de sourire,
tout en décochant au grand-chancelier, sous forme
de compliment, ce trait incisif :

— A la bonne heure! Vous ne perdez pas de temps
pour habituer l'héritier présomptif au son de votre
musette. C'est, ma foi, la quatrième génération de
Hohenzollern à laquelle vous vous consacrez.

Il avait souvenir, en ce moment, de l'époque à
laquelle il avait lui-même profité de cette musette,
à l'instigation et sur l'insistance de son grand-père,
désireux de lui assurer les leçons de l'homme auquel il devait la grandeur de son règne. Bismarck
s'était fait longtemps prier. Il avait d'autres soucis
que de devenir le professeur politique d'un prince
qui, selon toutes les probabilités, ne ceindrait la
couronne impériale que plus tard, beaucoup plus
tard. Il céda cependant aux sollicitations de son
maître et finit par prendre goût à son métier de
pédagogue, tant son élève lui donnait de satisfaction.

Suivant un confident intime du prince Guillaume, pendant une année au moins, chaque jour, Bismarck montra patiemment à son disciple comment on peut, avec le suffrage universel, se jouer des partis, exploiter leurs antagonismes au profit de la couronne, tenir l'opinion publique en bride, la mater ou l'égarer, influencer la politique des cours étrangères. Il lui enseigna comment il avait, dans le passé, vaincu de redoutables difficultés, et comment on pouvait prévoir et détourner celles de l'avenir. C'était le temps où le futur empereur, renouvelant Kléber, pensait et disait à qui voulait l'entendre que Bismarck était grand comme le monde : « Tout bon Allemand doit marcher derrière le chancelier!... » s'écriait-il dans son enthousiasme. Et, pour prêcher d'exemple, il emboîtait le pas à son Mentor politique, promettant un Louis XIII plutôt qu'un Louis XIV.

Maintenant, tout était changé. On sentait qu'une influence nouvelle agissait sur l'esprit du prince devenu empereur. Tout bas, on parlait d'une Égérie, prête à jouer les Pompadour. Mais il n'en était rien : M. de Bismarck, mieux informé, ne s'inquiétait ni d'une Cotillon II, ni d'une Cotillon III; par contre, il fronçait le sourcil quand on venait à prononcer devant lui le nom de M. Hintzpeter.

Là était le danger. L'ancien précepteur de Guillaume II, éloigné de son disciple pendant les années de régiment et de folle jeunesse, avait repris tout son ascendant sur le prince dès qu'il l'avait retrouvé. Dans son enfance, celui-ci l'avait affectionné tout particulièrement; assez indiscipliné de sa nature, il n'avait écouté que sa voix, à l'exclusion de toutes autres; et quand, plus tard, il se reportait à ses débuts dans la vie, tout souvenir se doublait en lui d'une action de grâces à son ancien pédagogue.

Dans ces conditions, les avis de ce dernier ne devaient pas tarder à prévaloir dans l'esprit du jeune souverain. Or, les opinions de M. Hintzpeter sont diamétralement opposées à celles du prince de Bismarck. Lors de la réponse si hautaine de Guillaume II aux mineurs westphaliens, qu'il ne menaçait de rien moins que de traiter comme chair à canon, M. Hintzpeter eut une violente explication avec l'empereur; il lui reprocha sa dureté, son dédain, son militarisme même; et comme son élève se révoltait et s'inscrivait en faux contre ses paroles, il se mit à lui prêcher une doctrine nouvelle, dont les préliminaires seuls faillirent causer une révolution de palais.

Ce n'était point précisément du socialisme, mais cela ressemblait presque à de la philanthropie. C'était déjà beaucoup pour la cour de Prusse, où l'on ne s'était jamais occupé que du moyen de réduire les masses par le suprême argument. Guillaume Ier avait commencé par les pendaisons de Rastadt, et Guillaume II venait déjà de prononcer le *rrran* fatal. Mais Hintzpeter tint bon, ramassant à foison documents et preuves à l'appui, pour en accabler son disciple. Bientôt celui-ci mordit à l'hameçon.

Ce fut un grand scandale dans l'entourage impérial, quand les premières manifestations de ce revirement se produisirent. On crut tout perdu, et le grand-duc de Bade, et le régent de Bavière, avertis en toute hâte, protestèrent bruyamment. Quant à M. de Bismarck, il ne fit que rire des velléités d'indépendance de son ancien élève. Il fallut le voyage de Constantinople, entrepris contre son gré, pour lui dessiller les yeux. Il comprit alors que son crédit était menacé; mais, faisant contre mauvaise fortune bon cœur, et croyant quand même à l'immuabilité de son étoile, il se contenta de hausser les épaules, à la réception des fameux télégrammes qu'on connaît, et de dire : « Décidément, j'ai affaire à un poète, et non à un politicien. »

Imprudentes paroles, qui furent cause de tout ce qui est arrivé. On a beaucoup ergoté sur les motifs de la brouille Guillaume-Bismarck. Qu'on ne cherche pas ailleurs que dans ce coup de boutoir.

Un incapable, un brouillon, un emballé, soit!...
mais un poète!... ô profanation!

Le père des rescrits. — Un coup d'État.
Socialiste malgré lui.
Le dernier plaidoyer de M. de Bismarck.
Un fâcheux.
Il est temps de se faire ermite.

M. Hintzpeter avait désormais le champ libre, et
il en usa, sans tarder, pour continuer ses semailles,
dont les premiers grains germèrent sous la forme
des rescrits dont il avait tracé le plan, et auxquels
l'empereur travaillait avec la conscience d'un écolier studieux, lorsqu'il fut interrompu par la mou-
ture mélodique du chancelier.

Ce dernier ne se doutait guère que c'était son
propre *Requiem* qu'il jouait; mais il en eut quelque
conscience dans la conversation qui suivit. Ces rescrits, c'était un coup de théâtre, auquel M. de Bismarck n'était point préparé. Lorsque l'empereur lui
en fit la lecture, il pensa tomber de toute sa haute
taille. Tout y était à l'encontre de ce qu'il avait
prôné jusque-là. Secouant ses lisières, et rompant

avec ses habitudes et ses idées, Guillaume, parlant en son nom, déclarait qu'il voulait concourir à l'amélioration du sort des travailleurs. Il insistait, en outre, pour que des démarches fussent faites auprès d'autres gouvernements pour les décider à coopérer à la même œuvre. Et, suprême ironie! c'était Bismarck lui-même, Bismarck le délaissé, Bismarck l'ennemi par essence de toute aventure socialiste, qu'il avait choisi pour porter la parole en son nom :

« Dès que ma proposition aura été admise en principe, écrivait-il, en se dictant à lui-même sa conclusion, le chancelier sera chargé d'inviter tous les gouvernements qui s'intéressent à la question ouvrière à se réunir dans une conférence où ces questions seraient traitées. »

A ces mots, Bismarck ne put se contenir. Il éleva la voix, s'écriant que jamais il ne se chargerait de pareille commission. Mais l'air froid et résolu de l'empereur lui donna la force de se contraindre. Alors, il porta la discussion sur divers points, afin d'essayer de convaincre son auguste interlocuteur.

Aux sons de l'orgue, dont les enfants tournaient maintenant la manivelle, et que ne dominait plus le fracas des exclamations, il rappela ses rapports avec les socialistes, ses pourparlers stériles avec

Lassalle, ses avances à Karl Marx, dédaignées et mal interprétées; puis il montra le socialisme plus dangereux encore que la France, s'infiltrant dans les rangs de l'armée et menaçant tout l'organisme gouvernemental. Les théories de Bebel et de Liebknecht triomphant, c'était l'insurrection à courte échéance, le fer et la flamme promenés partout, et le trône même menacé dans sa majesté. A la vérité, il se pouvait qu'une bonne saignée, venant après la révolte, eût une influence salutaire sur la suite des événements; mais ce serait à la condition expresse que la répression fût impitoyable; autrement, les troubles se renouvelleraient, et cette fois le désastre serait complet. Il importait donc de prendre sur-le-champ des mesures sévères contre les socialistes; il fallait qu'ils fussent expulsés ou réduits par la terreur : c'était la guerre, et non la paix, qui pouvait triompher du mal; hésiter un instant, c'était aller au-devant des pires calamités.

Le prince aurait parlé longtemps encore, car il lui semblait qu'il faisait un discours au Reichstag, si l'arrivée d'un général, pour le rapport, ne l'avait interrompu juste au moment où il se disposait à fournir des arguments qu'il croyait irrésistibles. Force lui fut donc de remettre à une autre occasion la suite de son plaidoyer. L'empereur le congédia froidement, en lui disant d'un ton sec :

— Il sera fait ainsi que je l'ai ordonné.

Puis, quand il fut parti, se tournant vers le général :

— Le chancelier se fait vieux, dit-il, bientôt il ne faudra plus s'étonner de rien.

Et il écouta le rapport militaire, aux sons d'une marche guerrière, que le petit orgue semblait moudre tout exprès.

La situation se gâte.
M. de Bismarck sent que le pouvoir lui échappe.
Signes infaillibles de disgrâce prochaine.
La démission.

A partir de ce jour, les événements se précipitent. Une note assez brève du prince chancelier accompagne les rescrits : c'est une invitation aux quatre gouvernements désignés d'envoyer des délégués à cette fameuse conférence, dont Bismarck devait dire plus tard, assez justement, que c'était un immense coup d'épée dans l'eau. Mais cet effort est le dernier dont il se sente capable. Chaque jour amène un nouveau combat, une nouvelle vexation. Bientôt l'ancien ministre omnipotent n'y tient plus.

1.

Après les élections, où les socialistes et les progressistes remportent un succès foudroyant, il peut croire que ce résultat fera tomber des yeux de son souverain le bandeau qui les couvre, et dans ce but il s'écrie au Conseil :

— Il y a déjà eu des Reichstag *impossibles*, avec des rageurs et des hommes d'un maniement difficile ; mais il n'y a jamais eu d'assemblée aussi foncièrement rebelle, dans son essence, et par sa composition, à toute idée de gouvernement sérieux, que celle que l'on vient d'élire.

L'empereur reste impassible. Alors, Bismarck montre des velléités de retraite ; le bruit s'en répand, mais le public, qui n'est pas au courant de la situation, n'y croit pas ; on trouve que la crise pendante ressemble considérablement aux précédentes ; pas plus maintenant qu'autrefois le chancelier n'est pressé de se retirer. Dans l'entourage du souverain, on veut douter encore, mais les manières, de jour en jour plus émancipées, de Guillaume II, ne laissent que bien peu de probabilités favorables à un rapprochement. De même, au palais Radziwill, on commence à manifester des craintes sérieuses pour l'issue du différend ; le comte Herbert, se sentant dans une fausse situation, a demandé un congé d'un mois, et la princesse de Bismarck fait dresser l'inventaire de tout ce qui lui appartient.

Bientôt la catastrophe apparaît imminente. Les coups se précipitent. M. de Bœtticher, en opposition avec le chancelier, est bombardé chevalier de l'Aigle Noir; M. de Berlepsch, l'homme de la période des grèves westphaliennes, est nommé ministre du commerce ; les progressistes, ces êtres bien autrement abhorrés que les socialistes, ont leur entrée à la cour, en la personne d'un de leurs grands chefs, M. Rickert, accompagné de plusieurs autres membres de la faction ; enfin, l'empereur a eu un long entretien avec M. de Caprivi, sans que le *Journal de la Cour*, qui relate minutieusement chaque journée du souverain, sans jamais en omettre un détail, en ait fait mention. La succession de ces faits est suffisamment éloquente, et le prince de Bismarck, qui volontiers invoque les exemples de la grammaire latine, y voit un *consilium abeundi* qu'il ne peut désormais éluder.

Comme toujours, ce fut un gravier qui arrêta la machine, une goutte d'eau qui fit déborder le vase. M. de Bœtticher ayant proposé, en Conseil, une augmentation des inspecteurs de fabriques, le chancelier, qui voyait dans cet acte une nouvelle manifestation du socialisme officiel, entra dans une vive colère, en déclarant qu'il ne pouvait continuer à gouverner dans ces conditions.

L'empereur ne le prit pas au mot sur l'heure,

mais il profita d'un incident qui se passa le soir même pour provoquer un éclat. Le prince ayant reçu Windthorst, qui était venu, a-t-on dit, pour l'entretenir des fonds guelfes, de la part du duc de Cumberland, Guillaume, au saut du lit, — et il se lève de fort bonne heure, — alla réveiller Bismarck, pour lui interdire de converser jamais avec aucun député, surtout avec un chef de parti, sans lui en avoir préalablement demandé la permission.

A ces mots, le chancelier s'emporta. Il n'avait à rendre compte à personne de ses actions, et s'il lui plaisait de conférer avec l'univers entier, ce n'est pas l'empereur qui l'en empêcherait. S'il avait accepté de rester à son poste, c'était sur les instances de Guillaume Ier, qui l'avait supplié, à son lit de mort, de continuer ses services à son petit-fils. Mais maintenant il en avait assez et ne demandait qu'à se retirer.

L'empereur ne souffla mot et partit, sans prendre congé de son premier ministre. Celui-ci, aussitôt habillé, se mit à sa table et traça d'une main fébrile un long article, qu'il envoya, tout humide encore, à l'officieuse *Gazette de l'Allemagne du Nord ;* mais là, le souffle de la disgrâce avait déjà commencé son œuvre ; le prince put s'en convaincre en recevant de la direction ce mot laconique : *Nous ne pouvons insérer.*

Dans l'après-midi, le général de Hahnke, chef du cabinet de l'empereur, se présentait chez le prince pour le prier, au nom de son maître, de ne point différer sa décision. C'est alors que celui qui avait gouverné l'Allemagne sous trois règnes prit la plume pour écrire sa démission. Le soir, il eut un tel accès de rage, que madame de Bismarck craignit pour sa raison.

Cependant il espérait encore, vaguement il est vrai, que l'empereur reviendrait sur sa résolution. Mais, le lendemain, la *Gazette de Cologne* publiait, en dernière nouvelle, un télégramme de Berlin annonçant que le souverain avait accepté la démission du prince de Bismarck et que le général de Caprivi, commandant le 10° corps d'armée, était désigné pour lui succéder.

C'étaient décidément ses feuilles préférées qui le trahissaient les premières. Maintenant, le doute n'était plus permis : il ne s'agissait plus que de tomber avec grâce. C'est à quoi s'employa M. de Bismarck au dîner qu'il offrait le jour même aux délégués français. Il avait, à ce moment, recouvré tout son sang froid, et nul, parmi les invités, n'aurait pu supposer, si la chose n'eût été déjà de notoriété publique, que l'amphitryon fût aussi près de sa chute.

Le lendemain, le *Moniteur de l'Empire*, dans un

supplément, annonçait la démission du chancelier
et son remplacement par le général de Caprivi. On
n'a pas oublié l'émoi qui s'empara du monde entier
en cette journée mémorable qui porte la date du
20 mars 1890.

Un nombre cabalistique.
Trois poulets tendres. — Un baume impuissant.
Le bon billet qu'a La Châtre. — Notre titre.

Un statisticien a fait la remarque que le nombre
trois a joué toujours un grand rôle dans la vie du
prince de Bismarck.

Les armes de sa famille portent pour devise :
In trinitate robur. Il a trois enfants, Herbert, Guillaume et la comtesse Marie ; il a trois propriétés :
Friedrichsruhe, Varzin et Schœnhausen ; il a pris
part à trois guerres et signé trois traités de paix ;
il a combiné l'entrevue des trois empereurs et fait
la triple alliance ; finalement il avait à lutter contre
trois partis politiques : les conservateurs, les na-
tionaux-libéraux et les ultramontains ; il a servi
trois empereurs allemands ; enfin, pour n'oublier
aucun détail, on sait que dans toutes les caricatures

allemandes, on le représente, comme Cadet Roussel, avec trois cheveux.

A l'occasion de sa disgrâce, le nombre fatidique n'a point manqué son rôle, car, en même temps que la feuille officielle, le prince recevait coup sur coup trois lettres de l'empereur. Dans la première, celui-ci l'informait que c'était « avec une profonde émotion » qu'il avait appris qu'il s'était décidé à résigner ses fonctions ; dans la seconde, il le nommait général de cavalerie avec le rang de feld-maréchal ; enfin, dans la troisième, il l'élevait à la dignité de duc de Lauenbourg.

— Trop de fleurs, ne put s'empêcher de murmurer l'ancien collaborateur de Guillaume Ier.

Et comme il ouvrait un tiroir où il avait coutume de serrer la correspondance du jeune souverain, pour y joindre ces derniers spécimens d'une grandeur évanouie, une lettre s'en échappa et tomba à terre.

Il la ramassa, et quand ses yeux se furent portés sur son contenu, un sourire amer se peignit sur son visage. Elle était vieille de quelques semaines seulement, et se terminait, après des vœux de bonne année, par ces mots chaleureux :

« Je prie Dieu de me conserver encore pendant de longues années l'aide de vos conseils fidèles et éprouvés, pour l'accomplissement de la mission difficile et pleine de responsabilités qui m'incombe comme souverain. »

Après avoir relu cette missive, le prince la remit à sa place et ferma bruyamment le tiroir.

Pendant ce temps, l'empereur, pris d'une véritable fièvre épistolaire, écrivait lettre sur lettre. L'une d'elles, adressée au duc de Saxe-Weimar, se condensait en ce cri final :

« ...Et maintenant, à toute vapeur! »

CHAPITRE II

TROP DE FLEURS !

L'antichambre de l'empereur.
Le commencement et la fin. — La veillée du trône.
Un envoyé du ciel.
Le programme de Guillaume Ier.
Origine de l'amour de M. de Bismarck pour les
petits papiers.

Il l'avait bien dit :

— Trop de fleurs !

On s'en souvient : chacun apporta sa gerbe odorante, lorsque la famille quitta le palais Radziwill, le samedi 29 mars, à cinq heures de l'après-midi.

— C'était un bel enterrement de première classe... a pu dire avec raison le prince de Bismarck.

Le mercredi, dès le matin, il avait pris congé de l'empereur. Celui-ci l'avait fait attendre vingt minutes, ce qui lui avait arraché cette réflexion :

— Oui, oui! l'homme doit savoir s'habituer à tout en ce monde. Jusqu'ici, je n'avais jamais fait antichambre, même quand le vieil empereur était malade.

Et, sur ce mot, sa pensée s'était reportée vers l'époque lointaine où il avait obtenu du roi Guillaume sa première audience, dans le parc de Babelsberg.

C'était au commencement d'un règne qui, succédant à une régence déjà pénible, semblait ne devoir point triompher des obstacles qui se dressaient devant lui. Antérieurement, après la paix de Villafranca, Guillaume, régent pour le compte de son frère Frédéric-Guillaume IV, s'était rencontré avec Bismarck, alors ambassadeur à Saint-Pétersbourg, à Varsovie, où il avait une entrevue avec son neveu le tzar Alexandre II. A cette époque déjà, le prince de Hohenzollern, président du conseil et cousin du régent, frappé de la perspicacité du jeune diplomate, avait engagé son parent à lui confier le portefeuille des affaires étrangères; mais Guillaume avait refusé net : il ne pouvait, disait-il, se résoudre à prendre « un ministre aux manières d'étudiant ».

Plus tard, les idées du prince-régent, devenu roi, se modifièrent, surtout à la suite du rejet, par la chambre des députés, du projet de réorganisation de l'armée. Les deux ministres principaux, Bernstorff et Von der Heydt, venaient de donner leur démission. La situation devenait des plus perplexes, et Guillaume, comme il l'a souvent dit depuis, priait chaudement Dieu, dans le silence de la nuit, de lui montrer un homme auquel il pût confier l'exécution de l'œuvre qu'il méditait. C'est alors que le général de Roon, ministre de la guerre, envoya sur-le-champ à M. de Bismarck, alors en voyage dans le Midi de la France, ce télégramme d'une surprenante concision : « *La poire est mûre.* »

Deux jours après, le futur chancelier se présentait au château de Babelsberg, sous prétexte de présenter ses hommages à son souverain, avant de reprendre le chemin de son poste. Le roi vit là le signe avertisseur du ciel, et, remerciant Dieu, il entra de suite en pourparlers avec M. de Bismarck.

La première pièce qu'il lui fit voir était sa démission.

A la vue de ce papier, le visiteur se récria. La situation n'était pas assez mauvaise pour que le roi pût songer un seul instant à se retirer. Mais celui-ci hocha la tête :

— J'ai tout essayé, dit-il, et je ne vois aucune issue. Contre mon attente, je ne puis régner. Mes ministres sont contre moi ; *mon fils s'est mis de leur côté.* Vous aussi, vous avez été chez lui. Je vous le dis : à moins que vous ne me montriez une solution, ce que je crois impossible, je vais faire insérer cela dans le *Moniteur*, et nous verrons alors comment mon fils s'en tirera. Je ne veux pas transiger sur la réorganisation de l'armée : cela serait indigne de moi.

Bismarck déclara tout d'abord qu'il n'était allé chez le prince royal que parce que celui-ci l'avait fait demander à son arrivée, mais qu'à ses questions relativement à ses vues, il avait répondu qu'il lui fallait avant tout connaître les projets de Sa Majesté. Maintenant qu'il les connaissait, il croyait de son devoir de supplier le roi de renoncer à toute velléité de démission.

— Écoutez, dit le monarque, vous sentez-vous la force de gouverner sans majorité?

— Oui.

— Sans budget?

— Oui.

— Sans abandonner la réorganisation de l'armée?

— Oui.

— Eh bien! puisqu'il en est ainsi, voici mon programme.

En disant ces mots, le roi tendit à son interlocuteur plusieurs feuillets de papier couverts d'une

écriture fine et serrée. Bismarck en commença la
lecture. Il tomba d'abord sur la question de la lutte
qui venait de s'engager entre le pouvoir et la représentation nationale, augmentée des juridictions
seigneuriales et des conseils municipaux. Mais, dès
les premières lignes, il s'interrompit :

— Sire, dit-il, tout le problème se résume dans
ce seul mot : Est-ce la couronne ou la majorité parlementaire qui doit dicter ses volontés ? Cette question préalable résolue, toutes les autres suivent
d'elles-mêmes. Si votre Majesté daigne m'accorder
sa confiance, je suis prêt à prendre les affaires, mais
sans programme.

Le roi réfléchit un moment; et comme on appro-
chait d'un petit pont jeté sur un ruisselet du parc,
il prit les feuillets des mains de son visiteur et se
mit à les déchirer, avec l'intention d'en jeter les
fragments à l'eau. Mais Bismarck l'en empêcha, et,
les reprenant, il dit :

— Sire, tout le monde connaît votre écriture. Ne
vaudrait-il pas mieux jeter ces papillons blancs au
feu ?

Le roi sourit. Décidément, c'était bien l'envoyé
de la Providence qu'il avait sous les yeux.

M. de Bismarck, désormais ministre, serra les
papillons blancs dans sa poche... Les a-t-il vraiment brûlés ?

Un ennemi dans l'ombre.
Le cas de M. Grüner. — Le marché en main.
On finit par hésiter. — L'audience.
Le bouquet des adieux.
Une vision. — A quoi tient une guerre ?

Et Guillaume II n'arrivait toujours pas.

Impatient, nerveux, et certainement la rage au cœur, le prince arpentait à grands pas l'antichambre impériale, sans s'inquiéter de la présence de l'adjudant de service qui assistait curieusement à une pantomime dont souvent la mimique se transformait en un monologue composé de sons rauques et d'exclamations.

Deux portraits, en pendants, se détachaient sur une tapisserie des Gobelins : celui de Guillaume Ier, empereur, et celui de Frédéric, prince impérial. Devant ce second portrait, le disgracié de la veille s'arrêta. Celui-là avait été un adversaire pour lui, et un adversaire d'autant plus dangereux qu'il procédait dans l'ombre. Un jour, il avait obtenu de son père la promesse de se débarrasser de Bismarck ; et, pour favoriser cette exécution, il avait chargé un M. de Grüner, qui avait été sous secrétaire d'État dans un ministère antérieur, de lui proposer des hommes capables d'occuper l'emploi de chancelier. Mais cette mission avait échoué, sans doute parce que ce Grüner s'était proposé lui-même, et qu'on n'avait pas voulu de lui.

Un grand ressentiment était resté de cette aventure au cœur de M. de Bismarck à l'égard du prince royal aussi bien que de son protégé. Pour ce dernier, il empêcha toute faveur de l'atteindre ; au point que Grüner ayant été, vingt ans après, nommé conseiller intime par Guillaume Ier, à l'occasion de son soixante-dixième anniversaire, il s'opposa, ce qui ne s'était jamais vu, à ce que cette nomination parût au *Moniteur de l'Empire*.

Plus tard, d'autres Grüner surgirent, mais sans plus de succès, sans compter que Bismarck croyait apercevoir des Grüner partout ; de sorte que, ne se sentant plus assuré de la possession de sa charge, il regardait d'un œil jaloux tout fonctionnaire bien vu de son maître. De son côté, l'empereur ne lui témoignait pas toujours les bons sentiments qu'on s'est figuré. De fréquentes discussions surgissaient entre-eux, et maintes fois le ministre sortit du palais en menaçant d'y laisser sa démission.

Alors, c'étaient de grandes supplications de n'en rien faire : non que Bismarck fût agréable à l'empe-

reur, mais parce qu'on ne savait comment le remplacer. Guillaume était trop vieux pour être son
propre chancelier, comme aujourd'hui son petit-
fils. Il supportait donc avec résignation le joug
qu'il s'était donné; mais il était visible qu'il était
las de la lutte, et qu'au faîte du pouvoir, la patience
lui échapperait un jour. S'il avait, une fois, écrit au
crayon bleu le mot *Jamais!* au bas d'une lettre de
démission du prince-chancelier, il s'était montré
fort tiède, presque indécis, lorsque ce dernier était
revenu à la charge quelque temps après. Aussi
M. de Bismarck n'avait-il point renouvelé l'aventure. Avec Guillaume II, il s'était cru plus sûr de
son crédit : sa présence, à ce moment, dans l'antichambre du jeune souverain, indique suffisamment
combien il s'était trompé.

Telles étaient les réflexions qui hantaient M. de
Bismarck, en face des deux monarques défunts, lorsqu'on vint le prévenir que l'empereur l'attendait.

Se redressant dans son uniforme bleu des dragons, sur lequel tranchait le cordon jaune de l'Aigle
Noir, son casque sous le bras, et la main gauche
appuyée sur la poignée de son sabre, le prince s'arrêta sur le seuil du cabinet et dit :

— Je viens, en ma qualité de nouveau maréchal
de l'armée allemande, me présenter à mon empereur.

Guillaume II se leva pour aller au-devant de son visiteur, et lui prenant vivement les mains :

— On m'a dit que vous ne vouliez pas accepter le titre de duc de Lauenbourg, que je vous ai conféré.

— C'est vrai, sire.

— Je ne saurais l'admettre. Refuser ce titre, c'est me faire honte. Je veux vous élever et non vous abaisser.

Alors, Bismarck, la tête haute, l'œil dilaté :

— Il est difficile d'élever davantage mon nom.

L'empereur le regarda fixement quelque temps; puis il le fit asseoir et ils causèrent pendant près d'une heure. On entendit du dehors de grands éclats de voix, auxquels succédaient des accalmies. C'est sur l'une d'elles que la séance fut levée. On se rendit ensuite auprès de l'impératrice, qui remit à M. de Bismarck un gros bouquet de roses.

Lorsqu'il parut sur la place du Château muni de ce buisson parfumé, la foule poussa de grands hourrahs, et l'exemple devenant contagieux, Bismarck eut bientôt sa voiture remplie de fleurs. Sous les Tilleuls, devant l'ancien petit palais de Guillaume Ier, un des chevaux se cabra et ses traits se brisèrent. A ce moment, l'équipage fut entouré de toutes parts, de façon à ne pouvoir avancer; de sorte que son propriétaire dut mettre pied à terre pendant qu'on réparait l'accident.

2

Alors un souvenir lointain lui revint à l'esprit.

Un jour, dans ce petit palais, — c'était au printemps de 1866, — le roi lui avait reproché de conduire la monarchie prussienne aux abîmes :

— Tenez, lui disait-il, en lui montrant la statue équestre de Frédéric le Grand, qui se dresse au milieu de la chaussée, tenez, on renversera cette statue, et on la remplacera par un échafaud.

— Alors, sire, répliqua Bismarck, si telle est la situation, n'est-il pas plus digne de vous et de moi de mourir sur un champ de bataille, l'épée à la main ?

Peu de temps après, on déclarait la guerre à l'Autriche.

La promenade des souvenirs.
Le Café Bismarck. — Lettres après boire.
Le restaurant Paulsborn.
Histoire d'une perruque et d'un petit bouquet.
Le train des fleurs.

Quand il eut fini ses visites officielles, le prince voulut revoir les lieux où s'était écoulée sa jeunesse. Il courut les environs de Berlin, comme un écolier en vacances, fuyant les endroits fréquentés, et humant à pleins poumons l'air vivifiant de la campagne.

La veille de son départ, il se dirigea vers le Kreuzberg, où se trouvait une auberge qui portait son nom. C'était une maisonnette ombragée par des arbres centenaires, dont la clientèle se recrutait, le dimanche, parmi les amateurs de plaisirs champêtres, et dans la semaine, parmi les curieux de vestiges historiques.

Au temps jadis, lorsqu'il faisait son droit, le jeune Bismarck-Schœnhausen venait là, chaque jour, boire régulièrement dans un verre en forme de baquet la *petite blanche* si chère aux Berlinois.

Depuis, la maison s'était remplie de souvenirs de l'ancien étudiant de 1835. On y voyait dans des cadres enfumés nombre de lettres adressées par le chancelier au propriétaire de l'établissement, entre autres celle par laquelle il l'autorisait, au lendemain de la guerre de France, à prendre son nom comme enseigne. C'était un curieux autographe que cette lettre. Il y régnait comme un souffle de mélancolie, très en dehors des procédés épistolaires habituels à l'homme qui, durant tant d'années, gouverna l'Allemagne. M. de Bismarck s'y reportait avec émotion vers l'époque où les soucis de la politique ne l'avaient pas encore envahi, où l'ingratitude de ses contemporains « n'avait pas encore soumis son âme à de rudes désillusions ». et où ses jours s'écoulaient joyeusement, au milieu d'amis, « ignorants des basses passions qu'engendrent la cupidité et l'envie. »

Cette lettre, plus en situation que jamais, M. de Bismarck désirait la relire, et c'est dans ce but qu'il avait fait le pèlerinage du Kreuzberg. Mais il ne trouva plus l'auberge. Les démolisseurs venaient de lui donner le dernier coup de pioche, et l'aubergiste était parti, après fortune faite.

— Il est plus heureux que moi, pensa l'ex-chancelier... et comme le premier soleil du renouveau donnait aux arbres des tons printaniers, et qu'il faisait bon marcher au sec, sous leur ramure encore paresseuse, il prit la route du Grünewald, à l'entrée de laquelle se trouve le restaurant Paulsborn, bien connu des Berlinois.

Cette auberge est tenue par un sieur Eye, qui a été pendant longtemps cuisinier chez M. de Bismarck. De tout temps, le grand ministre lui a voulu beaucoup de bien, au point qu'en un jour de générosité folle, il lui fit cadeau d'une perruque qu'il portait, lorsqu'il était ambassadeur à Saint-Pétersbourg. Il entra donc au restaurant Paulsborn et prit place à une petite table, à laquelle il força l'hôte et sa femme de s'asseoir. Il allait quitter Berlin pour longtemps, disait-il, peut-être pour toujours, et il n'avait pas voulu s'éloigner sans leur dire adieu.

On lui servit du café, — « bien qu'il lui fût défendu, ce qui faisait sans doute qu'il le préférait à tout autre breuvage, surtout lorsque la tasse était grande »; — puis il donna une pièce d'or à changer, en faisant remarquer que depuis longtemps il avait perdu l'habitude de payer lui-même. En prenant congé de ses hôtes, il serra vigoureusement la main de son ancien serviteur et embrassa sur les deux joues sa femme, qui lui remit un petit bouquet de primevères et de perce-neige, qu'elle venait de cueillir à son intention.

Ce petit bouquet, il le tenait à la main, le jour suivant, lorsqu'il parut à la Gare Centrale, où chauffait le train de l'exil. Une foule compacte se pressait dans l'immense hall. Tous les ministres étaient présents, tous les ambassadeurs, tous les généraux, toutes les illustrations de la cour et de la ville. Jamais souverain ne fut l'objet de tant d'hommages. Un enthousiaste voulut poser une couronne de lauriers sur la tête du voyageur, mais il s'en défendit, en faisant valoir que l'instant était mal choisi. Derrière lui marchaient deux messieurs qui ressemblaient à des appariteurs des pompes funèbres : ils portaient un bouquet gigantesque, au milieu duquel se trouvait un globe ceint d'une écharpe de crêpe noir, portant, en caractères d'argent : *Le monde en deuil par suite du départ du chancelier, — Century Club, Bagshot.* Dans le wagon, ce n'étaient que fleurs : l'impératrice avait envoyé un coussin en violettes, l'empereur une corbeille d'un mètre de haut, bondée de sureau blanc, avec des roses rouges et blanches aux deux anses ; tous les princes étaient représentés par des touffes multicolores, depuis la jacinthe pâle jusqu'au camélia pourpre ;..... seule l'impératrice Frédéric n'avait rien envoyé, — et pour cause.

Au signal du timbre indicateur, toutes les têtes se découvrent, la compagnie d'honneur présente les armes, une fanfare entonne *La Garde sur le Rhin,* et le train, photographié instantanément par le fils du général Verdy du Vernois, s'ébranle lentement, aux acclamations de la foule, laissant derrière lui comme une traînée de senteurs printanières.

CHAPITRE III

LE MIEL ET L'ABSINTHE

Idylle. — M. de Bismarck campagnard.
Les grogs du docteur Schweninger.
Un premier avril qui n'est pas un premier avril.
Chandelles à 75 centimes la pièce.

Un jour, M. de Bismarck, alors au faîte de la
grandeur, mis à contribution pour une corvée
d'*album*, prit la plume et traça ces quatre vers tirés
d'une chanson d'étudiant :

> *Beatus ille homo*
> *Qui sedet in sua domo,*
> *Et sedet post fornacem*
> *Et habet bonam pacem.*

Ce quatrain peut maintenant lui servir de devise ; car il possède maison et fourneau ; seule, la paix lui manque ; encore a-t-il pu croire, dans les commencements de sa villégiature, qu'elle lui était assurée.

M. de Bismarck aime la campagne, chacun sait cela, car sa femme a pris soin de faire savoir au monde qu'il préfère une betterave à la politique. Il a, d'ailleurs, consacré lui-même cette préférence, un jour, à table, à Versailles, où l'on discutait en sa présence l'éventualité d'une disgrâce :

— Je me trouverais trop bien chez moi pour en sortir jamais, disait-il.

Mais il avait compté sans l'inaction. Semblable aux employés retraités qui, à l'exemple de Bouvard et de Pécuchet, finissent par regretter leurs copies et leurs expéditions, il s'ennuya promptement :

— J'ai passé, disait-il à un journaliste venu pour l'interviewer, quarante-quatre ans à me défaire de mes habitudes de gentilhomme campagnard ; j'ai beaucoup de mal à redevenir agriculteur. La politique m'a pris, elle ne m'abandonne pas. Depuis mon départ de Berlin, j'ai cessé toute correspondance politique, et je n'ai qu'une ressource, celle de me promener dans la forêt pour tuer les heures.

Ce que n'a pas dit le châtelain de Friedrichsruhe, c'est que ces promenades, jointes à l'hygiène prescrite par le docteur Schweninger, ont plus fait pour sa santé que tous les remèdes d'antan. On a pu remarquer, en effet, qu'on ne parle plus des maladies de M. de Bismarck, depuis qu'il habite la campagne. Le temps est loin où le *New-York Herald* pouvait écrire : « Bismarck, qui était dangereusement malade l'an dernier, est de nouveau gravement bien portant. »

Mais aussi, que de précautions : Lever à dix heures, coucher à neuf heures ; plus de choucroute au champagne ; plus de vin de Moselle mousseux. Par contre, des grogs à volonté, mais des grogs suivant la méthode du docteur Schweninger, c'est-à-dire très inoffensifs, à la manière du Champagne auquel le docteur Lauer a donné son nom, et que Guillaume Ier buvait dans ses dernières années. Avec cela, la Bible et Shakespeare pour toute lecture ; et, pour trier les papiers qui serviront aux fameux *Mémoires*, deux secrétaires, qui sont sur les dents.

Quant aux distractions, elles furent nombreuses dans les premiers temps. Cela commença par une retraite aux flambeaux, à laquelle prirent part plus de mille employés du chemin de fer de Hambourg à Altona. De nombreux trains de plaisir furent organisés à cette occasion. Tout Hambourg vint à Friedrichsruhe ce jour-là. Ce fut une splendide fête par laquelle M. de Bismarck inaugura joyeusement sa 76e année. L'empereur lui avait envoyé son portrait en pied ; le banquier Bleischrœder, tout frais savonné de baronnie, et de ce fait très féru de noblesse, lui avait fait parvenir la généalogie complète de la maison de Schœnhausen, depuis l'année 1522 ; un syndicat de négociants hambourgeois lui fit hommage de deux fermes enclavées dans sa propriété, dont il avait jusque-là trouvé le prix trop élevé pour les acquérir ; un cercle italien lui adressa un groupe diabolique, où figurait un Méphistophélès si réaliste que les ouvriers chargés de le déballer se sauvèrent en criant à la garde ; enfin, une députation berlinoise lui annonça qu'un comité venait de se former pour lui élever un monument sur l'une des places publiques de la capitale. Quant aux fleurs, elles formaient légion ; mais en les voyant, le prince, de plus en plus blasé sur leur charme passager, se remémorait le vers de La Fontaine :

Aucun chemin de fleurs ne conduit à la gloire.

Les adresses et les télégrammes de félicitations n'étaient pas moins nombreux. Huit mille dépêches arrivèrent à Friedrichsruhe en cette mémorable journée du 1er avril. Un appareil Watstone avait été installé à Hambourg, où il occupait vingt employés.

Enfin, les communications télégraphiques entre Francfort-sur-le-Mein et cette ville avaient été fermées au public pour faciliter la transmission des dépêches de Bavière, de Wurtemberg, de Bade, etc. — touchants symptômes d'une fidélité à toute épreuve qui faisaient presque regretter à M. de Bismarck, malgré sa connaissance profonde du cœur humain, d'avoir dit, avant de quitter Berlin, qu'il était l'homme le plus détesté de l'Europe.

Seuls, les employés du chemin de fer d'Altona n'eurent pas à se louer des résultats de la journée : on leur avait promis de leur rembourser le prix de leurs torches, pour la retraite aux flambeaux ; mais on oublia ce petit détail, de sorte qu'ils en furent pour six cents marks de leur poche.

Une grêle de compliments.
Berlin à Friedrichsruhe. — Funestes effets d'une
salade de pommes de terre.

Dans le mois qui suivit cet heureux anniversaire, les visites ne cessèrent pas à Friedrichsruhe. C'était chaque jour une députation nouvelle, chargée de présents et de bonnes paroles. Il en vint de fort loin : de Suède, d'où l'on envoyait une réduction de la statue du chancelier Axel Oxenstierne, avec cette inscription : *Au plus grand homme d'Etat de l'Allemagne, en souvenir du plus grand homme d'Etat de la Suède;* d'Italie, où de bons amis de Crispi s'étaient colisés pour offrir au prince l'hommage gratuit de leur profonde admiration ; et même d'Amérique, où dans le monde des immigrés, on le comparaît à Washington cultivant son champ à Mount-Vernon, au milieu d'une auréole de béatitude, « qu'un chien même, *ou un journaliste* », comme il était dit dans une adresse, n'eût osé troubler.

Mais la visite la plus chère au cœur de M. de Bismarck fut celle de tout un train de Berlinois. C'était la fin d'un malentendu qui datait de 1848, époque à laquelle, désignant particulièrement la capitale prussienne, il avait déclaré que toutes les grandes cités de l'Europe devraient être détruites comme autant de repaires de la démocratie.

La réception fut cordiale. On fit une grande débauche de pommes de terre à l'huile et de harengs saurs, arrosés de vin de Moselle et de bière de Munich ; puis, la bonne chère le ramenant au temps où, comme il le disait lui-même, il ne parlait jamais mieux au Reichstag qu'après un copieux repas agrémenté d'une bonne bouteille de Champagne, l'exilé se lança dans un véritable discours-programme, dont le ton et la forme ne furent point précisément du goût de l'empereur. L'ancien chancelier s'y posait en victime, laissait percer de violentes haines contre beaucoup de gens en place, et n'envisageait l'avenir que sous de sombres couleurs.

Ce flot de paroles fut le signal des dissentiments qui s'établirent entre Berlin et Friedrichsruhe. La situation, quelque peu tendue jusque-là, mais après tout basée sur un fond réel de courtoisie, s'aggrava promptement. Une salade de pommes de terre avait commencé ce changement : les interviews qui suivirent achevèrent de brouiller les cartes.

Ces interviews, inaugurés par M. Henri des Houx, et continués par tout un régiment de reporters de tous rangs et de tous pays, sont trop connus en France pour que nous ayons à en parler. Cependant nous ne pouvons nous empêcher d'en rétablir un, plus modeste, qui n'a pas fait le tour de la presse, et qui se fait remarquer par une saveur très particulière.

*M. de Bismarck et ses chiens interviewés
par un journaliste de Berlin.*

Un maître d'école de Hambourg, admis à présenter ses dévotions au seigneur de Friedrichsruhe, commençait son récit par ces mots :

« Le cœur bondit de joie quand, en approchant du parc, on entend au loin aboyer les chiens du prince. »

Telle ne dut pas être l'impression d'un rédacteur du *Petit Journal* de Berlin, qu'on avait précisément mis en garde contre ces fidèles gardiens. Notre confrère, apprenant que M. de Bismarck devenait très parcimonieux de ses audiences, au point qu'il avait refusé de recevoir M. de Blowitz lui-même, avait eu l'inspiration de se faire recommander par notre connaissance, l'aubergiste du Grünewald.

Celui-ci s'était un peu fait prier ; mais après que le journaliste eut versé une somme assez ronde pour le monument-Bismarck, il avait fini par lui donner une lettre d'introduction, mais en lui faisant mille recommandations, notamment celle de ne se montrer ni craintif ni agressif envers les chiens du prince, par ce qu'ils pourraient fort bien le happer aux jambes : dans le premier cas, pour le plaisir de jouer, dans le second, pour se défendre.

Fort de cet avertissement, mais assez inquiet pour ses mollets, le collaborateur du *Petit Journal* franchit d'un pas prudent, mais assuré, le seuil du parc, où toute la dynastie des *Tyrras*, ex-chiens d'empire, protestait, à grands coups de gueule, contre les rigueurs de l'exil. Il traversa, nouvel Orphée, leurs rangs serrés, et déjà la quiétude s'était rétablie dans son âme, lorsqu'en entrant dans le cabinet du maître, il aperçut à ses côtés deux molosses qui découvrirent, à son aspect, des rangées de crocs formidables.

Dans cet appareil, le prince ressemblait « à une apparition de la mythologie scandinave. » Il se souleva, pour indiquer un siège à son visiteur, à côté duquel vinrent se placer, l'un à droite, l'autre à gauche, les deux chiens, « qui ne quittaient pas de vue leur maître. » Celui-ci bourrait sa pipe, presqu'éteinte, avec la crosse d'un petit revolver. Il garda quelque temps le silence ; puis, à brûle-pourpoint :

— Vous représentez une feuille qui m'a toujours attaqué.

— Oui, Excellence, au temps où vous étiez au pouvoir. D'ailleurs, pour mon compte, je n'ai pas toujours partagé les avis de mon journal. Ainsi, j'ai regretté qu'il fût contre le monopole du tabac.

— C'est que vous n'êtes pas fumeur.

Notre confrère demeura tout interdit.

— Excellence, c'est la vérité.

— Vous n'avez pas besoin de me le dire, reprit le prince, agité d'un gros rire, en lançant d'énormes bouffées qui l'enveloppèrent d'un nuage opaque... Mais, ce n'est pas, je pense, pour me parler de tabac que vous êtes venu. Qu'avez-vous à me dire ?

— Excellence, oserais-je vous demander comment on aurait pu, d'après votre opinion, acquérir Helgoland à des conditions plus avantageuses?

— Ah ! parbleu ! voilà une question comme on en pose à un paysan... Allons! soyez franc !... Vous désirez un numéro à sensation... Vous avez peut-être causé avec Richter, avant de venir?

Au nom de Richter, les deux chiens firent entendre un grognement significatif. Le rédacteur protesta contre cette supposition. Il n'avait vu ni Richter, ni Wirchow, ni Windthorst, ni Bœtticher, ni Morier, ni aucun de ceux qui étaient hostiles à l'ancien chancelier. S'il était venu, c'était pour s'entretenir très humblement avec le Titan, momentanément abattu, mais dont on souhaitait le prompt retour.

Le prince daigna sourire à cette flatterie ; mais comme il n'était décidément pas de bonne humeur ce jour-là, il réprima bien vite son apparente satisfaction, pour dire :

— L'image du Titan, que vous avez prise à la *Gazette de Cologne*, n'est pas heureuse ; car les Titans ont combattu les Dieux et ont marché de pair avec eux ; tandis que moi, homme croyant et pieux, je suis tombé par suite d'une misérable intrigue. Quand vous aurez à parler de moi, vous me ferez plaisir de me comparer au fidèle Eckart. Avec la postérité, l'on ne recueille que du vinaigre, je vois ça : tandis que si l'on fait partie d'une légende, on se maintient... Je ne serais pas fâché d'être mis en légende. Il faudra que je fasse venir pour cela Wildenbruch ou Jules Wolff, qui ont la spécialité de cette littérature.

Le conversation avait pris un tour embarrassant pour le Berlinois. Il ne savait comment mettre son hôte sur la chapitre de la politique, lorsque celui-ci s'y plaça lui-même.

— Ah ! oui, ils font de jolies choses, maintenant, dit-il après un silence :... Ce traité avec l'Angleterre, ce compromis avec les socialistes !... Et donc ce relâchement pour les passeports en Alsace-Lorraine, qu'ils vont inonder de réservistes français !...

Le prince n'achevait pas sa pensée. Il était retombé dans ses méditations. Son interlocuteur cherchait un biais pour l'en faire sortir.

— Votre Excellence aura sans doute appris, dit-il, que le gouvernement prussien songe à renoncer au fond guelfe.

— Oh! cela... nous verrons...

— On dit aussi que le gouvernement a l'intention d'imposer le revenu.

Pour le coup, M. de Bismarck bondit hors de ses gonds.

— Si l'on fait cela, s'écria-t-il d'une voix tonnante, je ferai trembler le monde par mes révélations. Je n'obéis, en me taisant, qu'à certaines considérations ; mais si l'on me pousse à bout...

Il n'acheva pas sa phrase, mais ses yeux lançaient des éclairs. A ce moment, le journaliste sentit les chiens s'approcher de ses jambes... Ils les flairaient d'un air inquiétant : ce fut une recrudescence de colère de leur maître qui les sauva. En effet, celle-là fut si terrible, qu'effrayés eux-mêmes, les dogues se réfugièrent sous un meuble... Bismarck avait laissé tomber son poing sur la table :

— Oui, je vous le déclare et vous pouvez le répéter : Quand le sabre en craquerait, je veux voir si l'on forcera l'homme à qui l'Allemagne doit tout à déclarer son revenu... Je ne puis pas payer plus de droits qu'auparavant ; on exagère mes rentes, et

l'on estime au-dessous de leur valeur mes dépenses.
Chaque jour, il me vient de tous les coins de la
terre des journalistes qu'il me faut traiter royale-
ment, pour qu'ils ne me tirent pas par les dents...
A propos, vous restez à dîner.

Le rédacteur s'excusa : il devait, disait-il, retour-
ner à Berlin par le prochain convoi. Mais avant de
prendre congé de son hôte, il était heureux d'avoir
à lui faire une communication qui certainement lui
serait agréable : Ses admirateurs s'étaient réunis
pour lui rendre un hommage solennel.

— Ah ! oui, je sais... mon monument !... Mais je
n'en ai que faire !... Mon image n'est-elle pas dans
la cabane du plus humble paysan ?

— Eh ! non, Excellence... Il s'agit d'arrondir
votre domaine patrimonial de Schœnhausen.

— Ah !... dit M. de Bismarck, avec un accent tout
à coup radouci... Ah !... on ne m'avait pas encore
parlé de cela.

Sur ces mots, il tendit affectueusement la main à
son visiteur. Les chiens, sortis de leur cachette,
remuaient la queue en signe de satisfaction... Et
lorsque le rédacteur de la feuille berlinoise traversa
le parc, le châtelain le suivit d'un œil presque atten-
dri, jusqu'au moment où il eut disparu derrière un
massif qui masque la grille d'entrée.

Le pauvre homme !
Un conseil du maréchal de Villeroy.
Abondance de couleuvres. — Une bonne âme de député.
Les moutons de Panurge.

Sénèque a dit qu'il n'y avait pas de plus beau spectacle pour les regards des Dieux que de contempler un homme de noble caractère luttant corps à corps avec l'adversité.

A ce compte, jamais l'Olympe ne fut convié à pareille représentation qu'à celle dont le domaine de Friedrichsruhe est le théâtre depuis que son propriétaire lutte ouvertement contre le pouvoir. Le calme des premiers jours n'avait pas même duré l'espace d'une lune de miel, et les agitations qui suivirent, doublées de toutes les défections, de toutes les ingratitudes, de toutes les petites lâchetés qui l'entouraient, ont dû souvent rappeler à M. de Bismarck le mot de Villeroy :

— Il faut tenir le pot de chambre aux ministres qui sont en place, et le leur verser sur la tête quand ils n'y sont plus.

Ce fut d'abord le refus absolu de l'empereur,

malgré les instances de son ancien ministre, d'insérer au *Moniteur officiel de l'Empire* le mémoire qui avait accompagné sa démission. Puis, quand il se présenta chez le trésorier pour toucher ses appointements de chancelier de l'Empire, il se trouva que les comptes avaient été arrêtés à la date exacte du 20 mars, jour où sa démission avait été acceptée. Naturellement, il se plaignit de ces procédés. Mais au lieu de lui répondre, l'empereur se contenta de faire faire une instruction auprès du docteur Schweninger pour savoir si son ancien chancelier n'abusait pas de la morphine.

D'autres contrariétés vinrent ensuite : la menace d'une revision du procès d'Arnim ; la disgrâce du grand-maréchal du Palais, comte Liebenau, chassé comme un valet, après une scène violente, sur le simple soupçon de correspondre avec l'ancien chancelier ; la suppression, par ordre, du fil spécial que ce dernier avait fait établir pour correspondre directement avec la rédaction de son journal officieux, jadis son ennemi, les *Nouvelles de Hambourg ;* puis l'instruction transmise à tous les bureaux télégraphiques de refuser toutes les dépêches du prince qui auraient la moindre allure subversive.

Cette recommandation, qui mettait celui qui avait gouverné des empires à la merci du plus infime employé, porta la colère de M. de Bismarck à son comble. Il se recommanda tout d'abord des dignités et des emplois qui pouvaient lui rester, mais on lui répondit qu'il n'était plus rien; et, en effet, on a pu remarquer, dans le dernier *Almanach de Gotha*, que son nom ne figurait même plus parmi les membres du conseil d'État, bien qu'on ne lui eût jamais signifié sa radiation de cette compagnie.

Une ressource lui restait : aller à Berlin pour y présenter, en personne, ses doléances; mais son fils Herbert, envoyé pour sonder le terrain, fut prié de lui signifier que le séjour de la capitale lui était interdit.

A la vérité, quelques lueurs bienfaisantes vinrent mettre des pointes de lumière dans le ciel assombri de Friedrichsruhe. Le jour où Bismarck apprit que le parti progressiste se divisait et que son chef, Eugène Richter, président du comité depuis six ans, avait dû céder sa place à un rival plus heureux, il éprouva une de ces douces joies qui mettent un baume sur les plus cuisantes blessures.

Il en fut de même, mais à un degré moindre, lorsque les socialistes montrèrent des velléités, vite réprimées, d'indépendance et de scission.

Enfin, il conçut une vive satisfaction en apprenant qu'un homme simple, du nom de Marquardsen, député de Worms, avait proposé de se démettre de son mandat pour lui assurer un siège au Reichstag.

Au temps de sa toute-puissance, Bismarck s'était, au cours d'une séance orageuse, écrié de son banc ministériel : « Qui sait si je ne serai pas un jour là, en bas, avec vous?... » Cette boutade avait, à l'époque, diverti l'assemblée. Qui eût dit alors qu'elle deviendrait une réalité. Et surtout qui eût pensé que l'élection de l'ancien grand ministre serait discutée, disputée, comme nous en avons eu le spectacle, bien propre à nous divertir, nous Français, à Geestemünde?

M. de Bismarck a eu tort d'attendre. Il fallait battre le fer pendant qu'il était encore chaud. S'il eût accepté le sacrifice de l'homme de Worms, il n'aurait pas aujourd'hui le désagrément d'entrer à la Chambre par la petite porte, après avoir bien failli rester sur le paillasson.

Morsures de reptiles. — Justes représailles.
Les débuts de M. de Schweinitz.
Palinodes d'un journal officieux. — Les ingrats!

Mais revenons aux premiers temps de Friedrichsruhe. La presse avait organisé promptement une campagne en règle contre son ancien bienfaiteur.

Aussitôt après sa démission, les organes qui avaient le plus chanté ses louanges criaient *haro!* Ce n'était plus le chancelier de fer, c'était « le chancelier de fer-blanc ». Toutes les épithètes étaient bonnes à lui jeter au visage : courtaud de boutique; Wallenstein en robe de chambre; plat valet de tout le monde... C'était la revanche du mot célèbre : « *Les gens convenables n'écrivent pas pour moi.* »

Et pourtant, combien ils étaient nombreux, ceux qui émargeaient naguère au fonds guelfe, sur l'argent soustrait au feu roi de Hanovre! Eugène Richter se plaisait à les collectionner; il n'était guère de semaine où il n'en clouât un au pilori de son journal. Une année, il n'en découvrit pas moins de 109, en Allemagne seulement; car sa juridiction s'arrêtait à la frontière.

Hors les murs, le service était du ressort de personnages qui souvent lui ont dû leur fortune. Jusque vers 1870, il était aux mains de M. de Schweinitz, que les Russes appelaient *le grand recruteur de l'armée des reptiles.* Lorsque ce singulier diplomate fut appelé au poste d'ambassadeur de Prusse à Vienne, à la fin de 1869, cette nomination scandalisa si fort la presse moscovite, que le publiciste Katkoff crut nécessaire de signaler à la presse autrichienne, dans la *Gazette de Moscou,* le rôle que l'agent militaire du roi de Prusse avait joué à Saint-

Pétersbourg. Dans le numéro du 15 décembre 1869, il révéla les propositions qu'il avait reçues de M. de Schweinitz pour devenir l'organe des intérêts prussiens en Russie,... ce qui n'empêche pas, aujourd'hui, ce charmeur de serpents de représenter l'Allemagne dans le pays même qu'il avait tenté de subjuguer.

Ce qu'ils faisaient, les reptiles, pour leur argent?... ils disaient blanc, *ou* noir, indistinctement, — et souvent blanc *et* noir... Le plus joli tour de ce genre appartient à la *Gazette de l'Allemagne du Nord*, au moment du voyage de M. Grévy à Cherbourg, en 1881, durant lequel Gambetta prononça un discours, demeuré fameux, au cercle des voyageurs de commerce.

Après avoir déclaré que « le dictateur » avait essayé vainement d'effacer le mauvais effet de son *speech*, la feuille chère — oh! très chère — à M. de Bismarck affirmait que Gambetta s'était enfin décidé à prendre nettement couleur :

« Le ton adopté depuis peu par les journaux qu'il dirige, ou qui lui sont dévoués, et par les feuilles qui reçoivent leurs inspirations de ses amis, — disait-elle, — les propos tenus publiquement par ses partisans les plus fidèles, ne laissent plus aux initiés aucun doute sur les intentions de M. Gambetta, qui cherche à faire sortir le vaisseau de l'État des parages paisibles dans lesquels il se tenait depuis dix ans, pour l'aventurer sur des courants belliqueux. »

Ce morceau de haut goût était suivi d'un procès en règle au journal parisien *la République française*, accusé « de broder des variations sur ce thème dérisoire : que la France était redevenue assez forte pour élever une voix puissante et prépondérante dans les conseils de l'Europe. » Puis venait une charge à fond de train contre un journal de province qui désignait Gambetta « comme le grand patriote, l'homme nécessaire, le seul qui inspirât des craintes à M. de Bismarck. » Pour finir, Spuller avait son paquet, — Spuller, « le lieutenant de Gambetta, qui n'avait pas craint de dire, à Vitry-le-François, que la France ne pouvait être soumise à renoncer au bien suprême des nations, c'est-à-dire à l'espoir de ressaisir un bien perdu ».

Cet article produisit une vive émotion aux Bourses de Berlin, de Francfort et de Vienne, où les fonds baissèrent. Ce n'était pas là précisément l'effet qu'en avait attendu son inspirateur. L'opinion publique, — il le voyait bien, — n'était pas avec lui; le temps n'était pas encore venu de lancer un brûlot de cette dimension. Aussi le chancelier donna-t-il l'ordre à la *Gazette de l'Allemagne du Nord* de publier sur-le-champ un nouvel article destiné à détruire complètement l'effet du premier. On prit prétexte des dé-

clarations de M. Barthélemy Saint-Hilaire qui suivirent, pour écrire ces mots :

« Cette attitude du ministre des affaires étrangères nous permet de croire que le courant pacifique prendra désormais le dessus, — du moins
aussi longtemps que dureront les dispositions, pour
le moment paisibles, des autres nations. Aussi le
gouvernement français actuel est-il, pour tous les
cabinets de l'Europe, un collègue beaucoup plus
agréable que tout autre régime, plus ou moins
rouge, et d'instincts belliqueux. »

Si obscure que fût cette prose, elle calma la
Bourse; et faute de mieux, M. de Bismarck profita
de l'occasion pour activer le rachat du chemin de
fer du Rhin à la Nahe, dont l'importance stratégique
s'imposait.

Pour la *Gazette de l'Allemagne du Nord*, elle continua, jusqu'à la chute de son patron, à faire de la
politique en partie double. Nous avons vu comment
elle avait levé contre lui l'étendard de la révolte au
premier souffle de l'aquilon. Mais ce zèle ne la sauva
point de l'indigence, bien qu'elle ait poussé la com-
plaisance jusqu'à prendre parti pour la suppression
du fonds guelfe.

Comme on sait, ce sont les *Nouvelles de Hambourg* qui lui ont succédé comme moniteur des faits,
gestes et pensées du solitaire de Friedrichsruhe. Le

contrat fut conclu presque aussitôt après la disgrâce du prince, et dès le lendemain, l'organe autorisé des intérêts hanséatiques inaugurait une campagne véhémente contre le général de Caprivi.

Dans ces conditions, il n'est pas étonnant que M. de Bismarck borne ses lectures à cette feuille et à sa doublure, la *Gazette nationale* : — La presse allemande redoute de se compromettre, disait-il à un rédacteur du *Journal de Francfort*. Et il ajoutait :

— La *Post* et la *Gazette de Cologne*, qui ont eu avec moi des rapports ininterrompus tant que j'ai été au pouvoir, me fuient aujourd'hui comme la peste. Je n'aurais jamais cru qu'elles manquassent de courage à ce point, et se conduisissent aussi lâchement à mon égard.

Dans la suite, M. de Bismarck a étendu ce reproche de lâcheté à la majeure partie de la presse allemande. Il a même demandé qu'on poursuivît les fauteurs des attaques dirigées contre lui. Mais le temps est loin où le tout-puissant chancelier s'attribuait la plus large part des condamnations prononcées pour crime de lèse-majesté.

CHAPITRE IV

BISMARCK ET LA FRANCE

Faux Alsaciens. — Idéal d'une vache à lait.
Sympathies de Bismarck pour la France.
Il n'a pas toujours pensé de même.
Curieuses révélations à un journaliste espagnol.

Une députation d'Allemands habitant l'Alsace-
Lorraine étant venue déposer ses hommages aux
pieds de M. de Bismarck, à l'occasion de la nouvelle
année, celui-ci, par une de ces lubies qu'il affec-
tionne particulièrement, fit valoir à ces délégués
qu'ils ne représentaient en aucune façon les popu-
lations annexées. Si les Français, disait-il, n'étaient

pas devenus des voisins désagréables, par suite de la rectification de frontières à laquelle on avait été forcé, l'Allemagne et la France, unies, auraient formé une puissance irrésistible. Et il ajoutait que pour sa part il avait toujours eu les relations les plus agréables et les plus amicales avec les Français, et que, même en Allemagne, il ne s'était jamais autant plu qu'avec eux.

On peut s'étonner de trouver ces paroles dans la bouche d'un homme qu'on reconnaît à bon droit comme l'ennemi juré de la France. Et, en effet, la rectification de frontière était arrêtée dans son esprit bien avant la guerre de 1870 :

— Mon idéal, disait-il souvent, serait de former dans les régions de l'est de la France une sorte de colonie allemande, un Etat neutre de huit à dix millions d'habitants, où il n'y aurait pas de conscription, et dont les impôts passeraient dans les caisses de l'Allemagne... ceux du moins qui ne seraient pas dépensés à l'intérieur. La France perdrait de cette façon les contrées d'où viennent ses meilleurs soldats, et à l'avenir elle ne pourrait plus être nuisible.

Quant à sa sympathie pour la France et pour les Français, on la connaît, et de reste. Il y a bien longtemps, en 1847, au premier Landtag prussien, le député Saiesken ayant dit que le mouvement al-

lemand de 1813 n'avait pas seulement été causé par
la haine de la France, mais aussi dans l'espoir
d'obtenir une constitution, le jeune Otto de Bismarck, représentant la noblesse de la province de
Saxe, s'était écrié que c'était offenser l'honneur national que de parler de la sorte, parce qu'à son
avis la haine de l'étranger avait, comme c'était son
devoir, tué tous les autres sentiments.

M. de Bismarck a prononcé bien des discours depuis cette mémorable sortie, qui fut cause d'un
grand tumulte ; mais le fond en est resté toujours
le même : *haine de toute constitution et mépris absolu de la France.*

Ces deux éléments ressortent de tous les actes et
de toutes les paroles, en dehors de la représentation
officielle, de l'ancien chancelier. Les *propos de table*
de Maurice Busch sont encore dans toutes les mémoires. Ils fourmillent d'anecdotes à ce sujet. Mais
il y a mieux. Si l'on veut vraiment connaître Bismarck à table, c'est dans le curieux récit d'un séjour à Versailles pendant la guerre, publié dans le
Drapeau par le comte Angel de Miranda, qu'il faut
chercher la véritable application du proverbe : *In
vino veritas.*

Le futur mari de Mlle Nilsson, personnalité fort
connue dans la presse parisienne vers la fin de
l'empire, et vice-président de la commission des

finances espagnoles, avait obtenu un sauf-conduit
pour quitter Paris et se rendre dans son pays. Mais
à Versailles, on lui avait fait des difficultés de telle
sorte qu'il s'était, malgré l'heure tardive, présenté
chez Bismarck, pour avoir sa main-levée. Laissons-
lui la parole :

« La maison de M. de Bismarck est située dans
une des rues les plus sombres du sombre Versailles ;
elle est d'apparence modeste, presque nue. En entrant dans cette demeure toute spartiate, je son-
geais aux pillages, aux réquisitions forcées, aux
wagons entiers remplis de meubles précieux expédiés en Allemagne, et j'admirais le comédien minu-
tieux qui se cache sous le masque de franchise
soldatesque du très excellent chancelier.

« Un seul factionnaire se tenait à la porte. Dès
l'antichambre, la chaleur vous prenait à la gorge ;
le maître se plaît dans cette température de ma-
gnanerie, favorable sans doute à l'éclosion de ses
vastes projets. De grands manteaux militaires et
d'énormes bottes garnissaient la pièce. A côté, se
tenaient une douzaine d'individus d'assez mauvaise
mine, qui travaillaient à un classement de papiers.
L'un d'eux se leva, le chef sans doute ; il avait une
longue barbe rousse. Cet homme, qui devait jouer
un certain rôle dans les aventures qui m'attendaient
à Versailles, était une sorte de maître Jacques, tour

à tour huissier, laquais, valet de chambre, selon les besoins, d'habitude préposé aux basses œuvres bureaucratiques de la chancellerie, et mouchard perpétuellement. M. de Bismarck, en homme pratique et qui s'entend à l'économie domestique, s'est servi, pour monter sa maison militaire, des principaux limiers de la police berlinoise. Ces honorables personnages, tout en lui rendant les services les plus divers, lui épargnent l'encombrement d'un personnel nombreux.

« M. de Hatzfeldt, chef du cabinet, vint me recevoir, et à son aspect, M. de Uslar, mon guide, lieutenant de hussards, prit aussitôt cet air de raideur soumise qui faisait dire à Henri Heine : *Ils ont l'air d'avoir avalé le bâton avec lequel on les rossait jadis...* La pièce où nous entrâmes, après avoir échangé quelques mots, était pleine de fumée et d'une température encore plus suffocante que l'antichambre. Deux bougies brûlaient sur la cheminée, fichées dans des bouteilles et faisant deux tristes auréoles dans l'atmosphère opaque. Au milieu, sur un méchant guéridon, il y avait un broc contenant de la bière et quatre gobelets d'argent. Le reste du mobilier n'était rien moins que somptueux et fort élémentaire. Trois personnes se tenaient là : un général, qui s'esquiva à mon arrivée; puis un jeune homme, vêtu d'une ample redingote bleu de ciel et

de bottes fortes; enfin, un grand gaillard assez mal
affublé d'une interminable capote verte à collet et
à doublure jaune, déboutonnée, et laissant voir la
chemise et les bretelles.

« Ce personnage n'était autre que Son Excellence
le comte de Bismarck, chancelier de la Confédération du Nord, pour le moment arbitre souverain
des destinées de l'Europe. »

En voyant M. de Miranda, qu'il avait eu l'occasion
de rencontrer en d'autres temps, M. de Bismarck
parut surpris; il ignorait ou feignait d'ignorer qu'il
restât encore des membres du corps diplomatique
à Paris. Il lui fit plusieurs questions à ce sujet;
puis, brusquement :

— Mais vous n'avez pas dîné probablement; per-
mettez-moi de vous offrir une collation. Elle ne
sera pas brillante, l'heure de notre dîner est passée
depuis longtemps, et nous manquons de tout à
Versailles.

On passa dans la salle à manger, aussi piteuse
d'aspect que le salon. Le système des bouteilles
vides en guise de flambeaux y était continué. Le
chancelier, bruyant, d'allure cavalière, s'installa à
californrchon sur une chaise en face de son convive
et demanda du vin de Bourgogne. Le maître d'hôtel
entra, suivi de l'homme à barbe rousse; ils appor-
taient à eux deux huit bouteilles. M. de Bismarck

goûta la première : c'était du Nuits ; il n'eut pas de succès. Une seconde bouteille fut débouchée ; cette fois, le chancelier parut satisfait ; il examina le liquide à la lueur de la bougie et s'écria :

— Excellent ! c'est de la Romanée.

Il parla ensuite de sa cave à Berlin, de son fournisseur habituel, un attaché d'ambassade bourguignon qu'il avait connu à Francfort et qu'il avait bombardé marquis sur ses invitations et sur ses cartes de menu, pour flatter ses prétentions nobiliaires, ce dont celui-ci s'était montré reconnaissant en lui fournissant les meilleurs crus de son pays. Puis la conversation tomba sur Paris et sur les Parisiens qu'il feignait de croire à bout de ressources, « très désireux sans doute de capituler au plus vite et maudissant les gens de l'Hôtel de Ville. » M. de Miranda s'efforça de le détromper, mais il n'y parvint pas :

—L'amour-propre les soutient disait Bismarck : c'est le fond du caractère français ; mais cela ne tiendra pas devant une souffrance réelle. On ne me fera jamais croire que Paris soit une ville héroïque ; et, de toutes les façons, il faudra bien que nous finissions par y entrer : c'est chose décidée dans l'esprit du roi, qui a résolu de ne signer la paix qu'aux Tuileries. Cette idée est même tellement ancrée dans sa volonté que Sa Majesté ayant rétabli pour cette campagne l'ordre de la Croix de Fer, dans lequel on ne faisait plus de nominations depuis 1815, elle a invité les rares titulaires qui restent de cette époque à se rendre au quartier-général, afin d'entrer pour la seconde fois dans la capitale française au milieu de ces glorieux vétérans.

L'entretien se répandit ensuite sur l'armée de la Loire, « quelques bataillons qui sont plutôt des troupeaux d'hommes, que l'on dispersera quand on voudra », sur Metz, « dont la garnison affamée expédiait chaque jour des parlementaires pour traiter de la capitulation » ; sur la mission de M. Thiers, « qui se rapportait bien moins à la paix qu'à l'avènement des princes d'Orléans » ; et enfin, sur l'Espagne que M. de Bismarck avait cru si bien avoir pour alliée, qu'il avait fait demander au maréchal Prim, le lendemain de la déclaration de guerre, quel serait son contingent.

Sur ce point M. de Miranda se récria ; mais son amphitryon n'en démordit pas : un prince allemand eût été pour l'Espagne une garantie de régénération, « car la race latine est usée, ses destinées sont finies, et elle est appelée à s'amoindrir peu à peu jusqu'à disparition totale. » La race germanique, disait encore M. de Bismarck, est jeune, vigoureuse, pleine de vertu et d'initiative. C'est aux peuples du Nord qu'appartient l'avenir ; et ils ne font que débuter dans le rôle glorieux qu'ils sont destinés à remplir pour le bien de l'humanité...

L'entretien, continue notre auteur, prenait une tournure de plus en plus philosophique à mesure que les bouteilles se succédaient. M. de Bismarck en était à sa quatrième. Il s'échauffait en parlant et débitait des menaces hautaines d'un ton de bonhomie. On parla de différentes choses ; mais fatalement on était ramené vers le sujet palpitant : la guerre.

Après avoir discouru des événements de la campagne de Sedan, de la marche conquérante de l'armée confédérée, de la mission Burnside, de l'entrevue avec Jules Favre,... on revint de nouveau à l'occupation de Paris : c'était la marotte du chancelier.

— C'est à Paris seulement, disait-il, pour la quatrième fois au moins, que la paix peut être signée.

— Avec qui ? demanda son hôte ; le gouvernement de la Défense a été trop catégorique dans son programme pour qu'il puisse consentir à traiter sur les bases d'une cession territoriale.

— Eh bien, nous occuperons Paris et la France aussi longtemps qu'il le faudra, et nous attendrons que le pays se constitue ; nous finirons par trouver un gouvernement avec qui traiter, *fût-ce celui de Robert Macaire...* D'ailleurs, la paix, quelles que soient les conditions où elle se fasse, ne peut être qu'une trêve : la France est trop vaniteuse pour nous pardonner jamais ses défaites. Par conséquent, notre politique, dans l'intérêt de l'Allemagne comme de l'Europe entière, doit avoir pour but de l'amoindrir le plus possible et de la ruiner, de façon à la rendre incapable pour longtemps de troubler la paix générale.

L'entretien durait depuis trois heures. M. de Bismarck, faiblement secondé par son hôte, venait d'achever la sixième bouteille de Romanée. M. de Miranda demanda la permission de se retirer : il se rendit, escorté d'un officier, au n° 18 de la rue de Montbauzon, où un appartement avait été retenu « pour un personnage de distinction... » Il ne se doutait guère que ce logis allait être sa prison jusqu'au moment où il serait transféré à Mayence, sur le simple soupçon d'être l'ami des ennemis de la Prusse !

Une amitié peu sérieuse.
Thiers à Versailles. — Compère et compagnon.
Un précieux aveu.
On aurait pu continuer la guerre en 1871.

Les événements ne donnèrent qu'à demi raison à M. de Bismarck. Les armées de la Loire causèrent de grandes pertes aux Allemands ; Guillaume n'a pas signé la paix aux Tuileries ; et les princes d'Orléans ne règnent pas en France, malgré les intrigues prêtées gratuitement au libérateur du territoire.

En parlant de cet homme d'État, dont le portrait, une simple gravure du *Monde illustré,* décore son cabinet de travail, l'ancien chancelier a dit à l'un des journalistes parisiens qui ont fait l'excursion de Friedrichsruhe qu'il avait conservé le meilleur souvenir de « *son vieil ami Thiers,* un vrai et courageux patriote. » Cette appréciation, dans la bouche d'un adversaire tel que Bismarck, était doublement précieuse à recueillir ; mais il faut avouer qu'il n'a guère ménagé « ce vieil ami », de son vivant. Frédéric III, dans son fameux *Journal,* nous a déjà montré ses colères envers ce courageux vieillard venu pour demander grâce. Voici maintenant ce que raconte l'ancien ministre, de Beust, dans ses *Mémoires :*

« Bismarck me parlait beaucoup de la guerre de 1870 et de ses négociations avec Jules Favre et Thiers :

« Nous étions arrivés à l'expiration de l'armistice, me dit-il un jour, et m'adressant à Thiers :

— Écoutez, monsieur Thiers, voilà une heure que je subis votre éloquence, il faut en finir : je vous préviens que je ne parlerai plus français, je ne parlerai qu'allemand.

— Mais, monsieur, dit Thiers, nous ne comprenons pas un mot d'allemand.

— Ça m'est égal, je ne parlerai qu'allemand.

« Thiers me fit là-dessus un superbe discours en cinq points, que j'écoutai en souriant, et je lui répondis en allemand. Favre et lui restèrent une demi-heure sans parler ; mais, une heure après, ils avaient signé le protocole. Je me mis tout de suite à parler français. »

M. de Beust avait éprouvé un véritable malaise en écoutant ce récit :

« Il me débitait tout cela, dit-il, sur le ton qu'on emploie d'habitude pour raconter une histoire de chasse. Il n'avait pas l'air de se douter des tortures morales par lesquelles les deux malheureux délégués français avaient dû passer pendant cette demi-heure ! »

Il est vrai que Frédéric III, à qui l'on témoigne en France une sympathie bien peu raisonnée, ne s'est pas autrement exprimé sur Jules Favre, qu'il nous montre « mangeant à lui seul un dîner destiné à trois personnes », sur Thiers, « un vieillard avec lequel on ne pouvait discuter », et sur plusieurs personnages secondaires, entre autres M. de Beaufort d'Hautpoul, « un peu *allumé...* » Mais la légende de

Frédéric III est faite en France. Il a dit qu'il avait horreur du sang, et on l'a cru sur parole. On a cru aussi qu'il allait rendre l'Alsace et la Lorraine..... Ah! simples de nous!... C'est sous son règne, très éphémère, que s'est, par son ordre, élevé, du jour au lendemain, le mur de la Chine qui nous séparait jusqu'en ces derniers temps de nos chers compatriotes... ce qui n'avait pas empêché, primitivement, le prince Frédéric de déclarer avec Bismarck (v. ledit *Journal*), qu'ils étaient tous deux d'avis de renoncer à Metz... Alors, pourquoi ne l'ont-ils pas fait?

A cette question, Bismarck a répondu à M. de Beust.

— Je n'ai cédé, lui a-t-il dit, qu'au parti militaire qui prétendait que Metz valait cent mille hommes pour nous... Oh! ce Metz!... *Si Bazaine avait tenu quatre semaines de plus, nous étions obligés de lever le siège de Paris.*

Si l'on rapproche de cette déclaration celle de de Moltke après Coulmiers (v. *Les Prussiens devant Paris*, de l'auteur), on conviendra que les jours n'ont pas toujours été roses pour les Allemands, en France, pendant la guerre. D'autres suivirent, plus sombres encore, malgré les victoires accumulées... ce qui fait qu'on peut se demander si Chanzy n'avait pas raison de vouloir continuer à se battre, et si les vaillants qui l'accompagnèrent dans son vote, à l'Assemblée de Bordeaux, n'étaient pas dans le vrai.

M. de Goltz, officier prussien, auteur d'un livre qui a fait quelque bruit en Allemagne, *Gambetta et ses armées*, est de cet avis. Suivant lui, si Gambetta avait poursuivi la lutte, même après la défaite du Mans et les désastres de l'armée de l'Est, il aurait pu venir à bout des forces de l'Allemagne. Voici comment M. de Goltz dépeint l'état de l'armée allemande au commencement de 1871 :

« L'isolement était presque absolu. Les communications avec la patrie devenaient plus difficiles, et les hommes, les approvisionnements et les munitions que l'on recevait en remplacement n'étaient pas suffisants.

« Le manque de munitions d'artillerie fit craindre pour l'issue du combat. L'habillement était complètement ruiné ; la chaussure, notamment, était dans le plus triste état : beaucoup de soldats marchaient en sabots, d'autres allaient pieds nus.

« Les cadres fondaient de plus en plus, et le nombre des officiers, par rapport à la troupe, laissait de plus en plus à désirer. Partout des détachements restaient en arrière, aux ambulances, aux transports, aux convois de prisonniers...

« Les corps d'armée ressemblaient à peine à des

divisions encore au complet, les divisions à de
faibles brigades; les bataillons étaient tombés à
500, 400, 350 hommes. »

Bismarck est sujet à caution.
Une annexion en partie double.
La France réduite à rien. — La guerre imminente
en 1887.
Entêtement de vieillard.

Dans ces conditions, on peut comprendre que
M. de Bismarck ait eu beaucoup à se louer de la
capitulation de Bazaine, et qu'il ait, par reconnaissance, conçu, à un moment donné, la pensée de
renoncer à Metz, comme il le disait au chancelier
d'Autriche. Mais M. de Beust n'ajouta qu'une foi
discrète à ces vélléités de mansuétude, car il avait
été, peu de temps auparavant, édifié sur les virtuosi-
tés de son collègue en matière d'annexions. Un jour
qu'ils causaient ensemble des provinces allemandes
de l'Autriche, il lui demanda s'il n'avait jamais
pensé à les annexer.

— Ce serait stupide! s'écria le serviteur de Guillaume Ier... La population est catholique, nous aurions là un foyer d'opposition... Il vaudrait encore mieux annexer la Hollande !

Or, quelques mois après, M. de Beust ayant à sa table le chargé d'affaires de Hollande, qui arrivait de Berlin, reçut de lui la confidence que M. de Bismarck n'avait aucune vue sur son pays, comme le bruit en courait depuis quelque temps.

— Annexer la Hollande ! s'était-il écrié, ce serait stupide ; ce serait un foyer d'opposition... Il vaudrait encore mieux annexer l'Autriche !

Disons-le bien nettement : les idées d'annexion n'ont jamais quitté l'esprit de M. de Bismarck. Sa devise est le refrain de la chanson : *Partout où résonne la langue allemande, c'est la patrie allemande,* avec cette variante : *Partout où résonne une langue ressemblant de près ou de loin à la langue allemande, c'est la patrie allemande.*

Lorsque la guerre fut bien près d'éclater entre l'Allemagne et la France, en 1887, à la suite de l'affaire Schnæbelé, un journal à la dévotion du chancelier, la *Gazette du Neckar*, proposa très sérieusement d'enlever aux Français leurs provinces du Nord et de les donner à la Belgique ; — et par provinces du Nord, la feuille reptilienne entendait non seulement l'Artois, la Picardie et la Normandie, mais encore la Bretagne : Voilà pour la Belgique.

Maintenant, pour l'Allemagne : « qu'on tire une ligne allant de Mézières à Lyon, et qu'on lui attribue toute la bande de territoire située en deçà de cette ligne. » Et enfin, à l'Italie : toute la rive gauche du Rhône.

« Après ce partage, ajoutait cet aimable organe, les Français conserveront toujours Paris, la *ville sainte*, le *cœur du monde*. Ils pourront se chauffer près de ce cœur, quand le feu de la guerre sera éteint et qu'ils contempleront les plaies qui couvriront leur corps. L'Europe, elle, aura trouvé la paix et le repos, surtout si l'on a soin de laisser pendant quelques années les armées allemandes en France afin que les Français soient bien en état de se rendre compte de cette situation, et si l'on prend cette autre précaution de diriger sur les provinces nouvellement acquises le flot de l'émigration allemande, et de prendre vis-à-vis des indigènes l'attitude du vainqueur, au lieu de les traiter avec une indulgence et une douceur paternelles, comme Manteuffel a naguère traité les Alsaciens. »

Ah ! cette guerre marquée pour 1887 ! Elle fut plus prête d'éclater qu'on ne le croit. Schnæbelé ne fut qu'un prétexte, car on la préparait depuis longtemps. La déclaration du général Boulanger avait mis le feu aux poudres. Elle avait éclaté comme un coup de tonnerre dans le ciel nébuleux de l'Allemagne, et les journaux avaient reproduit et commenté à l'envi ces paroles sorties de la bouche du nouveau ministre de la guerre, lors de sa prise de possession de la tribune :

— Je veux, en terminant, vous dire — c'est ma conviction profonde, et je voudrais la faire passer dans vos esprits — que notre matériel de guerre est aujourd'hui au premier rang parmi ceux des nations européennes. Je ne vous dirai pas, par modestie. qu'il est supérieur à tous les autres; il peut y en avoir d'aussi bons; mais certainement il n'y en a pas de meilleur.

A partir de ce moment, l'Allemagne se crut menacée. Boulanger fut le spectre dont on joua pour obtenir tous les crédits militaires voulus.

De Moltke fit un discours où il annonçait que le moment d'une catastrophe était proche; M. de Bismarck suivit avec une déclaration à l'emporte-pièce et surtout avec des propos particuliers, lancés adroitement dans la circulation, et aux termes desquels l'Allemagne pourrait bien appliquer ce principe de stratégie, que la meilleure défensive, c'est l'offensive; enfin, un ministre de l'empereur Guillaume en Alsace-Lorraine, que sa situation aux avant-postes aurait dû rendre plus réservé que n'importe qui, M. de Hofmann, dépassant son chef de file, prétendait publiquement, en pleine délégation provinciale, que la force défensive de la France constituait une offensive.

C'est à ce moment que M. Ranc, définissant la situation, écrivait ces lignes, qui sont vraies, aujourd'hui comme il y a quatre ans :

« Si, pour une raison ou pour une autre, l'Allemagne croit que l'intérêt de l'Empire est d'engager avec la France une lutte définitive, nous aurons beau nous ingénier à ne fournir aucun prétexte, nous aurons beau multiplier les protestations pacifiques, *cela ne servira de rien*, cela n'empêchera pas qu'on ne nous cherche une querelle d'Allemand. La vieille expression est toujours juste. »

Et de fait, les querelles pleuvaient. Un jour, c'était un navire de guerre français qu'on avait aperçu prenant des sondages autour de l'île d'Helgoland Le lendemain, c'était la construction de baraquements dans le voisinage de la frontière. Puis, c'étaient des mouvements militaires au sujet desquels l'Allemagne devait, suivant un article alarmiste d'un journal anglais, demander prochainement des explications à la France. Enfin le guet-apens de Pagny vint, annonçant au monde que de graves complications étaient proches.

A quoi a-t-il tenu que ce programme ne fût pas exécuté ? A un simple fil !... Tout le monde étant d'accord sur la nécessité d'une guerre immédiate,

M. de Bismarck en expliqua longuement les motifs
à l'empereur qui lui donna son consentement, en
ajoutant :

— Bien entendu, je me mettrai moi-même à la
tête de mon armée.

Cette prétention fut une douche sur l'enthousiasme du chancelier... Il se recueillit un moment
pour chercher un biais. Mais aucun raisonnement
ne put faire démordre l'empereur de ce qu'il considérait comme son devoir... Il se refusait, en outre,
à se séparer de ses anciens compagnons d'armes....
Un chef de quatre-vingt-dix ans, et des généraux de
quatre-vingts! c'était vraiment s'enrôler sous la ban-
nière de Sainte-Périne.

— Alors, pas de guerre! soupira mélancoliquement M. de Bismarck...

Et voilà pourquoi l'on ne se battit pas en 1887.

CHAPITRE V

LA JEUNESSE DE GUILLAUME II

Que sera Guillaume II? — Ce qu'il est actuellement.
Un camarade d'enfance de l'empereur.
Souvenirs de jeunesse. — Jeux de princes.

Aussitôt débarrassé de son chancelier, l'empereur étonna le monde, sans l'éblouir, par son activité fébrile à vouloir tout réformer et régenter. Chaque jour fut marqué d'une ingérence nouvelle. Les projets les plus éclectiques, les décisions les plus inattendues, les audaces les plus scabreuses se succédèrent sans interruption. C'est un hardi, ont pensé quelques-uns. C'est un fou, dira peut-être la postérité. Le point d'interrogation posé à la suite de son nom, lors de son avènement, n'a point encore amené de réponse. Certains côtés sont de grande allure; mais ils ont leur contre-poids en des mièvreries indignes d'un esprit élevé.

De même, trop souvent, une parole malheureuse, une démarche intempestive, une provocation inutile, vient détruire tout l'effet d'un bon mouvement, d'une bonne intention ou d'un appel à la concorde... Ces défauts disparaîtront-ils ou s'accuseront-ils avec le temps ?... Jusqu'à présent, il faut bien le dire, leur marche n'a pas cessé de croître. C'est du moins ce qui saute aux yeux, si l'on établit une comparaison entre Guillaume II, empereur, et Guillaume, héritier présomptif de la couronne.

Les premières années de celui qui devait régner si promptement sont peu connues, en France surtout, où l'on n'a guère commencé à parler de ce prince qu'à l'époque où, sous l'inspiration du disgracié d'aujourd'hui, son nom parut, à propos du drame de San Remo, mêlé à des intrigues qui ont, en leur temps, produit une impression pénible.

Ces premières années sont pourtant instructives, comme on va le voir, grâce à un récit fait, en pleine mer, à un journaliste belge, M. Couvreur, de l'*Indépendance*, par un ancien camarade de jeunesse de Guillaume II, M. Poultney-Bigelow, fils d'un diplomate américain.

Cet étranger, qui avait pu partager les jeux des enfants royaux de Prusse et rester leur ami, se trouvait en Allemagne au moment où le voyage en Grèce et à Constantinople venait d'être décidé, bien contre le gré de M. de Bismarck, comme nous l'avons vu. Invité par l'empereur à l'accompagner, il avait accepté ; mais tombé malade en route, il avait dû s'embarquer au Pirée, pour rentrer à New-York, par Marseille. C'est ainsi que les deux voyageurs s'étaient rencontrés.

Pendant les longues heures de la traversée, la conversation porta souvent sur l'enfance de Guillaume II, sur son éducation, sur les influences qui ont formé son esprit et ses opinions. Bercé par la douce brise méditerranéenne, l'ancien compagnon de l'empereur allemand se reportait vers le petit navire, dont on peut voir encore les mâts et le grément dans le parc de Sans-Souci, et qui a servi de vaisseau-école au prince Henri, maintenant grand-amiral de la flotte.

Un filet tendu sous ce bâtiment permettait de laisser grimper en toute sécurité les princes et leurs petits amis dans les cordages. Alors, quelques-uns de la bande, transformés en pirates, faisaient la chasse à l'équipage réfugié dans les haubans.

Quelquefois, on partait en croisière sur les lacs qui entourent Potsdam, à bord d'une frégate en miniature, don du roi Georges IV d'Angleterre au roi Frédéric-Guillaume IV. Naviguer avec cette frégate était de tous les plaisirs le plus apprécié. Faut-il y voir l'origine du goût très prononcé de Guillaume II pour les voyages en mer?

Au Nouveau Palais, près de Potsdam, où les princes résidaient habituellement, ils étaient logés dans les combles, avec leur précepteur, le docteur Hintzpeter. Leur appartement était pauvre, presque nu. Mais l'espace n'y manquait pas. En temps de pluie, un immense grenier servait à leurs jeux.

Les princes s'en donnaient à cœur-joie, paraît-il. Ils étaient de vrais boute-en-train, toujours prêts à toutes les gamineries, s'inquiétant peu de leur rang vis-à-vis de leurs compagnons. Cependant, le prince Guillaume ne laissait pas que d'être un peu brusque. Souvent le docteur Hintzpeter fut obligé de recommander, à voix basse, aux camarades de jeu de son royal élève, de ménager son bras gauche, infirme, plus court que l'autre... Il se servait parfois si bien de ce bras gauche qu'on n'était que trop disposé à oublier l'autre.

Les jeux finis, on servait une collation. Le prince Frédéric et la princesse paraissaient généralement à ce moment et disaient quelques mots à chacun des petits invités, demandant des nouvelles de leurs familles, et causant des jeux de la journée. La princesse surtout s'assurait toujours des qualités du goûter. Elle veillait à ce que ses enfants, comme leurs camarades, eussent leurs serviettes proprement nouées sous le menton. Ce qu'on mangeait était très simple : c'était du pain, du lait frais, un gâteau fait avec de gros raisins. Le prince Guillaume était, nous dit-on, très fier de ses parents, de sa mère surtout. Un jour, comme on prenait le thé à bord de la frégate, à l'occasion d'un anniversaire, il chuchota à l'oreille de son voisin un grand secret surpris dans les cuisines du château : sa mère avait fait elle-même le gâteau.

Quant à l'étiquette, on en faisait bon marché. Le docteur Hintzpeter n'en voulait pas entendre parler, les parents non plus, et personne ne la dédaignait autant que le prince Guillaume. Parfois, au milieu de cette folle jeunesse, on voyait apparaître quelque fils de famille bien guindé, qui avait été préparé soigneusement à l'honneur de jouer avec les princes. Ce trouble-fête vivait dans des transes continuelles de commettre des crimes de lèse-majesté, ou bien, courtisan en herbe, il donnait aux autres enfants des leçons de tenue. Le prince Guillaume, avec la franchise d'allures qu'il a conservée depuis, avait quelquefois de la peine à dissimuler l'ennui que lui causaient ces intrus, leur timidité ou leur servilité. Mais comme, au fond, malgré ses brusqueries et son besoin de commander, il était très bon, très attentif, c'était toujours lui qui mettait à l'aise les nouveaux venus. Il découvrait leurs goûts ; il suggérait les jeux qui pouvaient leur plaire.

En sa qualité d'Américain, M. Bigelow avait le crédit d'être au courant des mœurs bizarres des sauvages du Wild West. Souvent, il était invité à fournir des renseignements sur la façon dont ses compatriotes faisaient la guerre. De son côté, le prince Guillaume avait lu Cooper, de sorte qu'ils arrivaient tous les deux à personnifier quelque héros en bas de cuir, à s'armer, à se vêtir d'une façon fantastique, puis à ramper entre les buissons pour surprendre et capturer leurs compagnons transformés en une troupe de visages pâles égarés dans leur domaine.

Jusqu'à son adolescence, l'ancien camarade du prince nous le montre comme « un garçon très naturel, intelligent, studieux, aimant le jeu autant que l'étude, affectueux envers ses parents et rempli d'égards pour les jeunes gens de son âge avec lesquels on le mettait en contact. » Mais cette période s'écoula rapidement, car à peine l'aîné des deux fils du prince Frédéric avait-il atteint l'âge de quinze ans, et le cadet treize ans et demi, qu'un événement

se produisit qui changea complètement la face de
leur éducation.

Les princes à l'école.
Vifs débats. — Une partie gagnée.
Les années d'études.
Surmenage des écoliers allemands.

Au printemps de 1874, le docteur Hintzpeter jugea
qu'il convenait d'enlever ses élèves à leurs maîtres
et à leurs jeux pour les confier à une école publique.

La proposition ne fut pas accueillie sans de
grandes hésitations. C'était, à cette époque, et en
Allemagne, une résolution autrement grave que
celle par laquelle le roi Louis-Philippe, après la
révolution de 1830, envoya sur les bancs du lycée
ses deux plus jeunes fils, les ducs d'Aumale et de
Montpensier. Le vieil empereur marqua son mécontentement d'une façon si prononcée, que l'auto-
risation, accordée en principe, fut sur le point d'être
retirée. M. de Bismarck et la Cour ne cachaient pas
l'irritation que leur causait l'idée de voir l'héritier
de la couronne, le futur empereur d'Allemagne,

vivre de la vie d'un écolier, à côté d'enfants appar-
tenant à la bourgeoisie.

Le docteur Hintzpeter cependant tint bon, et le
prince impérial avec lui. Pourquoi pas? disaient-ils:
il faut que les princes, au moins pendant un certain temps, sortent de leur milieu, qu'ils se mêlent
à la vie de ceux dont ils auront à diriger les destinées, qu'ils se soumettent à la discipline des écoles,
aux avantages d'une éducation en commun, qu'ils
apprennent qu'il est dans le monde d'autres dis-
tinctions que celles résultant du rang ou de la naissance.

Finalement ils l'emportèrent; mais il fut convenu
que le lieu de séjour des princes ne serait pas trop
éloigné de Berlin, et que si des inconvénients se ré-
vélaient, l'expérience ne serait pas poursuivie.

M. Hintzpeter jouait gros jeu. Jamais prince allemand de sang royal n'avait reçu les bienfaits de
l'éducation privée dans une atmosphère populaire.
Dans le monde aristocratique, on faisait hautement
des vœux pour l'insuccès de l'entreprise, et même
dans le monde libéral on hésitait à l'approuver.
L'Allemagne n'est pas un pays d'égalité comme la
France : l'esprit de caste y est encore tout-puissant,
même chez les petits.

Avant d'arrêter son choix, le gouverneur des
princes visita un grand nombre d'écoles publiques.

Il en trouva dont les directeurs le supplièrent
d'écarter de leurs personnes et de leurs établisse-
ments la responsabilité dont il voulait les honorer.
Finalement, il se décida pour Cassel, l'ancienne capitale de la Hesse-Électorale, ville salubre, placée
dans un site pittoresque et voisin du château de
Wilhelmshœhe, qui pouvait servir de résidence aux
jeunes princes.

Ils y restèrent trois ans, sous la surveillance de
leur maître, qui dirigeait leur éducation et surveil-
lait leurs études. Leurs journées se passaient à l'é-
cole; ils y allaient seuls, leur carton sous le bras;
ils en revenaient de même, à travers les rues de la
ville.

« Que d'inquiétudes pendant ce temps! Une in-
jure, une querelle de gamins, le moindre incident
eût suffi pour les faire rentrer à Berlin. Et puis l'é-
cole! Les princes y étaient traités comme des écoliers ordinaires. Qu'arriverait-il si un professeur —
ils ne sont pas toujours tendres en Allemagne —
perdait patience devant des actes répétés de déso-
béissance ou d'indiscipline? Un prince à la tête
d'une rébellion! Que n'eût-on pas dit à Berlin?...
Les meilleurs élèves ont leurs distractions, leurs
moments de paresse, d'inattention. Alors c'étaient
des plaintes qui arrivaient au docteur. Ses élèves
ne voulaient pas apprendre, ils avaient joué en

5.

classe. Que pouvaient, que devaient faire les maîtres? Pouvaient-ils réprimander, punir, châtier les oints du Seigneur?... Il appartenait donc à M. Hintzpeter, et à M. Hintzpeter seul, de les réconforter, de stimuler la soumission, le zèle, l'application de ses élèves... Jamais il ne désespéra de sa tâche; il savait à quelles natures il avait affaire, l'une plus douce, plus souple que l'autre, mais toutes les deux, et celle de l'aîné surtout, faciles à conduire quand on faisait appel au sentiment du devoir. »

Ce furent trois années d'un rude travail. A leur besogne scolaire s'ajoutaient, pour les princes, une série d'études nécessaires à l'éducation de jeunes gens appelés à jouer un rôle prépondérant dans une monarchie essentiellement militaire. Aux thèmes grecs, aux dissertations latines, aux problèmes de mathématiques s'ajoutaient l'équitation, les leçons de danse, et, si l'on peut s'exprimer ainsi, les séances d'initiation mondaine.

Dans ces conditions, on peut dire que l'empereur Guillaume II possédait à fond son sujet, lors du congrès où l'on s'est occupé d'une réforme scolaire en Allemagne. Il a parlé du surmenage en connaissance de cause.

L'éducation d'un féodal.

En 1877, le prince, après avoir passé ses examens de sortie, s'inscrivit à l'Université de Bonn, tandis que son frère s'embarquait pour suivre la carrière maritime.

Dans cette nouvelle phase, d'autres influences se firent sentir. Le docteur Hintzpeter n'était plus là pour diriger son pupille vers les arcanes de la science et de l'humanité. Vivant avec un aide-de-camp chargé de commencer son éducation militaire, celui-ci délaissa les *Pendectes* et Schopenhauer pour Jomini et la théorie du parfait cavalier. Tenons pour certain que c'est à Bonn qu'il dressa la réfutation des campagnes d'Annibal, dont il conversait l'an dernier, à Saint-Pétersbourg, avec un général français. Et gageons aussi que c'est là qu'il prit les manières de lieutenant prussien, dont il a tant de mal à se débarrasser, même depuis qu'il a tourné son esprit vers les réformes sociales, scolaires et autres.

Cette tendance devait s'accroître après sa sortie de l'Université. L'empereur Guillaume Ier, ayant rêvé de faire de son petit-fils le continuateur de son œuvre et son véritable successeur, — car il ne croyait pas au règne de son fils, même bien avant les indices de la maladie qui devait l'emporter prématurément, — avait entrepris de le former lui-même à son image. Chaque jour, le jeune prince arrivait de Potsdam, où il était en garnison, souvent en carrosse de gala, et en tout cas en grand uniforme, pour faire honneur à son grand-père.

Alors commençaient de longues causeries, où le vétéran des grandes guerres entretenait son enfant chéri de son règne si rempli, des épreuves qu'il avait traversées, des succès qu'il avait remportés. Il lui retraçait les campagnes de France, en 1814 et 1815; il lui montrait avec orgueil la croix russe de Saint-Georges, gagnée sur le champ de bataille de Bar-sur-Aube; il lui parlait de sa mère, la reine Louise, dont il avait vu couler les larmes après Iéna; il se reportait avec orgueil aux grands jours de Kœnigsgraetz et de Sedan; et surtout il s'efforçait d'éloigner de son esprit toute velléité libérale. Volontiers, il eût dit avec son frère Frédéric-Guillaume IV, si la chose n'avait été faite déjà, qu'il ne souffrirait pas qu'un chiffon de papier s'interposât entre son peuple et lui... Puis venait le grand souvenir de Kœnigsberg, où, mettant la couronne sur sa tête, il s'était proclamé lui-même roi par la grâce de Dieu. Puis encore, c'était la dissolution des

Chambres et l'application de la théorie des grands
armements. Les rêves belliqueux suivaient, et telle
avait été leur intensité qu'il en avait été souvent
comme obsédé. C'était plaisir pour le jeune prince
d'entendre raconter à son grand-père comment,
recevant le bureau de la Chambre des députés, qui
venait lui apporter ses félicitations à l'occasion de
la naissance d'un petit prince, il avait dit que l'attitude du Reichstag l'avait, en une circonstance récente, fort affligé, rappelant que jadis, « en un cas
analogue, *le conflit entre le parlement et le trône
n'avait pris fin que par une guerre étrangère.* »

Voilà pourtant à quoi tient le repos de l'Europe !
Une loi qu'on ne veut pas voter, une grève qui menace de s'étendre, un incident extérieur, même
imaginaire, quelquefois moins, souvent même
rien, et le feu est bien près de gagner les poudres.

Malgré toutes ses assurances pacifiques, n'ou-
blions pas que le jeune empereur est élève de son
aïeul, Guillaume le Conquérant.

CHAPITRE VI

LES PLUS PURS DE LA NATION

Un rescrit à sensation. — Les nobles dans l'armée.
Un mot de Guillaume Ier.
La crème du pays. — Frédéric II et les nobles.
La morgue des officiers prussiens.
Quelques souvenirs historiques.

L'émotion qui s'empara de la classe bourgeoise,
lors de la publication des rescrits qui devaient
aboutir au congrès de Berlin, mais dans lesquels
on voyait un gage donné par l'empereur au socialisme abhorré, n'est rien à côté de la perturbation
dans laquelle furent jetées les classes dirigeantes, et
surtout le monde militaire, en lisant les ordres de

cabinet par lesquels Guillaume II s'élevait contre le luxe des officiers et décrétait que, dorénavant, l'élément bourgeois entrerait pour une plus large part dans la composition des cadres.

C'est que c'était d'une témérité folle au jeune souverain de s'attaquer ainsi, de but en blanc, à l'arche sainte du militarisme et de l'orgueil nobiliaire. Du coup, quatre officiers de grand nom, un prince de Furstemberg, un comte Sierstorff, un Bismarck, un Podbielsky donnèrent leur démission, pour ne point renoncer à leur train à grandes guides, et surtout pour ne point avoir à coudoyer des croquants. Songez donc que dans la cavalerie de la garde il n'y a que des officiers nobles, sauf un major et trois capitaines, et que dans l'infanterie du même corps, on ne compte que dix-huit bourgeois contre six cent treize nobles. Pour le reste de l'armée, la proportion est différente, il est vrai; mais elle atteint encore des chiffres très concluants, notamment dans la cavalerie, où l'élément bourgeois n'entre que pour un quart.

On raconte que Guillaume Ier, surpris du luxe déployé dans un cercle militaire, où il était invité, se contenta de hasarder : « Voilà qui est fort beau ! mais si les lieutenants vivent de la sorte, comment vivront les généraux?... » Il n'eût pas osé en dire davantage, et encore moins infliger un blâme, surtout un blâme public, à ses compagnons d'armes, pour lesquels il professait, du petit au grand, du lieutenant au feld-maréchal, un culte qui tenait du fétichisme. Il fallait la désinvolture de son petit-fils pour triompher des scrupules qui avaient arrêté les anciens souverains de Prusse; et l'on peut s'étonner que les rescrits relatifs aux officiers soient l'œuvre du prince qui, peu de temps après son avènement, faisait l'apologie de ses soldats et surtout des nobles placés à leur tête, qu'il appelait *les plus purs de la nation.*

Le grand Frédéric n'eût certainement pas agi comme son arrière-neveu; car, malgré tout son étalage philosophique, il ne voulait pour officiers que des nobles; et s'il se glissait, nous ne dirons pas même quelque bourgeois, mais quelque fils de noblesse fantaisiste dans leurs rangs, et qu'il le découvrît, il lui donnait un coup de canne sur l'épaule et le renvoyait.

C'est qu'aussi, sous son règne, le trafic des titres de noblesse avait pris des proportions inquiétantes en Allemagne. Les comtes palatins tenaient bureaux ouverts de chevalerie; et comme ceux qu'ils anoblissaient avaient le droit d'anoblir à leur tour, il en résultait un véritable débordement de brevets et de diplômes qui transformaient la moindre masure en seigneurie et le plus humble scribe en gentilhomme blasonné. La plupart des nobles allemands, si fiers de leur particule et de leurs armoiries empanachées, descendent de ces vilains passés à la savonnette. Il est vrai qu'il en est aussi de noblesse plus relevée, qui ont pour aïeul un bourreau, créé gentilhomme, après avoir tranché la tête à un certain nombre de personnages marquants, comme c'était l'usage.

On pourrait croire que l'épuration à laquelle se livrait le grand Frédéric fit de ses officiers un corps où régnait — pour parler le langage de l'époque — le sentiment du devoir et de la vertu. Mais il n'en était rien : « Les officiers, à leur métier près, sont très butors et libertins », écrivait la margravine de Bayreuth, sœur du roi. Plus tard, les choses demeurèrent de même. Sous Frédéric-Guillaume III, Varnhagen faisait ainsi leur procès aux beaux fils de Prusse : « La morgue militaire et nobiliaire est le mal qui nous ronge. Il faut voir ces officiers de la garde, comtes et barons. Plus de cœur, nul bon sens, nulle droiture ! Oui, chez beaucoup, la droiture même laisse à désirer ! Beaucoup de fanfaronnade et peu de réalité !... Il faut que cette race disparaisse ! »

C'étaient ces mêmes officiers qui, en 1806, s'amusaient, avant toute déclaration de guerre, et par bravade, à aiguiser leurs sabres sur les marches de l'ambassade de France, à Berlin. Plus tard, après Tilsitt, leur souverain, outré de leur tenue, publia un Règlement, — le mot Rescrit n'existait pas encore, — aux termes duquel il leur recommandait de s'appliquer, en temps de paix, à se faire remarquer par leurs bonnes manières et leur amour de la science. Ces prescriptions furent-elles suivies? On peut en douter; car, en ces derniers temps encore, un vétéran de l'armée, le général de Pape, fêtant le soixantième anniversaire de son entrée au service, rappelait, en présence de l'empereur, que Blücher, ami de sa famille, avait déclaré, vu son caractère indomptable, qu'il serait chef de brigands ou général.

Scandales récents. — Les escrocs du grand monde.
Indulgence américaine.
Les frères ennemis. — Coups et blessures.
Une brochure à sensation.
L'intoxication dans l'armée allemande.
Un coin de caserne.

Depuis, la situation n'a guère varié. Les journaux allemands sont remplis des hauts faits de Messieurs les officiers. Vainement, la *Gazette de la Croix*, organe autorisé du parti féodal, les a, dans un article prêcheur, exhortés « à fuir le jeu et la débauche, à étudier les besoins du peuple, à prendre enfin leur part de travail dans l'œuvre du progrès social », c'est, chaque jour, un scandale nouveau. Le procès des Wittgenstein, dans lequel fut impliqué d'une manière peu recommandable le prince de Hohenlohe, actuellement statthalter de la province d'Alsace-Lorraine, a fait école. Les lieutenants Sieger, de Valois, Kaupe et de Waldburg-Zeil-Trauchburg, du 19e uhlans wurtembergeois, ont été chassés de l'armée pour des faits honteux. Un jeune de Katt, de la famille du favori de Frédéric II, et chassant de race, a été enfermé dans une maison centrale. Un prince de Hanau, qui avait, dans le temps, vécu au crochet de son épouse morganatique, fille d'un comédien de Stuttgard, vient de mourir criblé de dettes et chargé d'anathèmes par la presse allemande tout entière. Un prince de Waldeck et Pyrmont, officier supérieur dans un régiment en garnison à Metz, cousin du prince régnant et mari d'une Hohenlohe, a été déclaré en faillite, ainsi que tant d'autres, parmi lesquels : un prince Radziwill, premier lieutenant aux gardes du corps, ruiné par le jeu ; un Manteuffel, fils de l'ancien statthalter d'Alsace-Lorraine ; un prince de Saxe-Weimar, lieutenant au 11ᵉ hussards, en garnison à Dusseldorf, déclaré insolvable pour une somme de 243,000 marks, que sa famille n'a pas cru devoir rembourser.

D'aucuns gagnent le large, comme ce baron de Schleinitz, ex-capitaine dans la garde prussienne et neveu de l'ancien ministre de la maison de l'empereur Guillaume Iᵉʳ, qui s'enfuit en Angleterre, où il fut condamné pour d'autres faits, après avoir vécu pendant de longues années, à Berlin, de toutes sortes d'expédients. Celui-là exploitait sa haute parenté pour vendre des lettres de grâce à des Juifs condamnés pour usure et des titres de *conseiller intime* à des enrichis de la Bourse. En outre, il patronnait une feuille de chantage, l'*Indépendant (Der Unabhaengige)*, qui, pataugeant dans les bas-fonds de la capitale, avait besoin d'un « homme du monde » pour négocier diplomatiquement avec les gens mis à contribution.

D'autres vont plus loin encore, tel ce comte de Goltz, fils du général de ce nom, ancien officier aux hussards de Blücher, qui a cru devoir mettre l'Atlantique entre ses dupes et lui. Lorsqu'il débarqua en Amérique, il lui arriva une bien bonne aventure. S'étant présenté chez le président de la République des Etats-Unis, il lui fit remarquer, pour se mieux recommander, qu'il était de la plus haute noblesse:

— Monsieur, lui dit le président avec bonté, il ne faut pas que cela vous inquiète. Nous avons l'esprit large, et votre noblesse ne vous nuira pas.

Depuis, le comte de Goltz s'est fait maquignon, maître de danse, bonneteur, et finalement, après quelques faux caractérisés, il a trouvé son logis à la prison hospitalière de Ludlow Street.

Voilà pour le côté « libertin » dont parlait déjà la margravine de Bayreuth ! Si nous attaquons le coin « butor », notre butin ne sera pas moins riche. C'est par centaines que les exemples pleuvent.

A tous seigneurs tout honneur : Le prince régnant de Schwarzbourg-Sondershausen et son frère, âgés de 60 et 58 ans, se sont battus à coups de poing, dans une rue de leur capitale, à propos d'une question d'intérêt. On avait recommandé le silence sur cette affaire, mais il était impossible qu'elle ne s'ébruitât pas. Elle a défrayé, pendant tout un mois, les conversations de toutes les petites cours de l'Allemagne, plus nombreuses qu'on ne le croit.

Un autre *des plus purs*, le prince d'Ysenburg-Waechtersbach, était cité devant le tribunal des échevins de Munich, sous la prévention de coups et blessures. Il avait tout simplement roué de coups un habitant de la ville et son cocher qui avaient eu l'impudence de lui faire remarquer, à la promenade, qu'il ne se trouvait pas sur le côté de la route qu'il aurait dû suivre.

Enfin, on se souvient d'un procès correctionnel, à la suite duquel le comte de Kleist, officier aux gardes, et fils d'un ancien ambassadeur à Rome, a été condamné à quinze mois de prison, par le Tribunal de Berlin, pour brutalités « révoltantes » de toutes sortes — ce sont les termes du jugement — en divers endroits publics, chez des *destillateurs* de bas étage, et jusque dans la rue.

Vainement la défense avait, pour ce seigneur batailleur, plaidé la responsabilité relative, l'accusé ayant agi sous l'influence de la cocaïne, dont il absorbait quinze grammes par jour : les juges ont tenu bon, pour l'exemple, lequel est nécessaire, paraît-il.

On a beaucoup parlé de l'émoi produit en Allemagne par les révélations du livre de M. Kurt Abel, ancien sous-officier au train des équipages. Les journaux français ont rapporté, d'après cet auteur, des traits de cruauté inouïe commis par les supérieurs dans l'armée allemande. On a souvenir des scènes de torture dont les casernes sont journellement le théâtre. Un jour, c'est un malheureux, à qui son officier fait bouillir la main ; le lendemain, c'est un hussard, que son lieutenant fait pendre haut et court, jusqu'à ce qu'il ait perdu connaissance ; une autre fois, c'est un hussard encore, à qui son maréchal-des-logis fait cracher à la figure par tous les hommes de son peloton.... Mais il est un côté par lequel l'ouvrage de M. Kurt Abel est surtout intéressant : c'est lorsqu'il s'occupe de la perturbation mentale dans le corps des officiers.

S'il faut en croire cet écrivain-soldat, ce corps tant vanté, dont les Allemands sont si fiers, et qui forme à lui seul un état dans l'état, serait hanté par une névrose, dont l'action s'étend chaque jour davantage : la folie y aurait fait son entrée depuis longtemps déjà ; l'alcool, la morphine, la cocaïne y sont à l'ordre du jour ; aussi les catastrophes s'y succèdent-elles sans interruption. C'est un chef d'escadron qu'on est obligé d'enfermer après des scandales publics ; c'est le commandant de l'école militaire des sous-officiers de Potsdam qui meurt « *après des années d'une vie des plus excentriques* » ; c'est un commandant de la garde mis à la retraite après des scènes de démence qui ont failli coûter la vie à nombre de ses hommes.... En outre, les suicides d'officiers deviennent de plus en plus fréquents et s'accomplissent presque tous dans un accès de folie.

Voilà un tableau fait pour dissiper quelque peu certaines illusions enracinées chez nous en ce qui touche les officiers allemands, qu'on nous représente si volontiers comme des modèles d'activité, de travail et d'abnégation. Il en est de même de l'armée, dont on nous vante l'excellence et la parfaite organisation. Veut-on jeter sur elle, en dehors de la parade, un regard dénué de toute prévention, ce sera encore M. Kurt Abel qui, *de visu*, nous tracera ce croquis peu flatté, mais assurément très véridique, du corps où il a servi :

« Dans tout le bataillon, dit-il, les soldats sont battus. La caserne grouille de vermine. Si les soldats du train ont le sentiment de l'honneur, ils le perdent sûrement à la suite de la manière dont on les traite. Le dépit et la rage contenue les jettent dans les bras des socialistes. Le matériel du train, comme hommes, comme chevaux et comme objets d'équipement, est détestable. Mauvais vêtements, mauvais chevaux, mauvais matériel, mauvais logement, très mauvais traitement. Que devient avec tout cela l'orgueil du soldat ? »

Si l'on fait la remarque que l'auteur de ces lignes tenait garnison à Strasbourg, on comprendra toute leur importance, l'armée d'Alsace-Lorraine étant regardée par les Allemands comme la meilleure, comme la plus favorisée, comme la mieux tenue de l'empire.

S'il en est ainsi des régiments destinés à recevoir le premier choc, que doit-il en être de ceux can-

tonnés dans les provinces centrales, loin de tout
état-major et de tout contrôle?

Augmentation de l'armée allemande.
Son effectif actuel.
Nécessité de renforcer les cadres.
Le Rescrit contre le duel. — Guillaume II et les Juifs.

Dans ces conditions de dégénérescence et de scandale public, il n'est pas étonnant que l'empereur
Guillaume II ait songé à renouveler les cadres de
son armée par une infusion de sang jeune, de sang
bourgeois, encore peu mélangé de morphine et de
cocaïne.

Mais il est d'autres considérations, non moins
importantes, qui ont contribué puissamment à
précipiter cette mesure. Les nobles ont beau donner
de leur personne, ils ne suffisent pas aux exigences
des agglomérations militaires actuelles. A partir du
1er octobre 1890, et en exécution des lois votées par
le Reichstag, l'armée allemande a été augmentée de
18,574 hommes et de 5,348 chevaux, avec 548 officiers, ce qui a permis, tout en créant 4 nouveaux
bataillons d'infanterie, 71 batteries d'artillerie, 2 ba-

taillons de génie et 3 bataillons du train, de renforcer l'effectif des régiments d'infanterie de la
garde, ainsi que ceux des corps d'armée cantonnés
en Alsace-Lorraine et sur la frontière russe.

Désormais l'armée allemande comprend en temps
de paix 507,000 soldats et 20,500 officiers sans
compter la gendarmerie, les employés militaires,
les volontaires d'un an et les réservistes de recrute-
ment, appelés, au nombre de 20,000 environ, à exécuter des périodes de manœuvres d'une durée de
cinq mois échelonnés en trois ans. En temps de
guerre, la loi nouvelle mettrait à la disposition de
l'autorité militaire plus de 3,500,000 hommes.

Pour commander à pareille force il faut des officiers en proportion. D'où, la nécessité d'élargir les
cadres; sans compter qu'on ne veut plus tomber
dans les dangers de la dernière campagne, où l'on
a vu, à certains moments, des bataillons commandés
par un sous-lieutenant et des compagnies dirigées
par un sous-officier.

L'ordre de cabinet de l'empereur Guillaume II a
donc pour effet principal de renforcer le corps d'officiers. D'autres rescrits ont suivi, dans le même
but, notamment celui sur le duel. Il portait que les
officiers ont à garder leur sang *pour de meilleures
occasions*. Sont mis hors de cause, cependant, certains cas particuliers, tels que voies de fait ou in-

sultes à une dame (?), à une parente ou à une fiancée. Par contre, défense de se battre : à la suite d'une querelle dans un casino, dans un cercle ou dans un café ; quand l'un des adversaires a déjà eu trois duels ; quand l'un d'eux est marié ou père de famille.

Tout cela est bien élastique, et le plus à plaindre sera encore le bourgeois paisible qui aura reçu des horions dans un endroit public ou dans la rue. D'autant que Guillaume II est, lui aussi, très large dans sa façon de trancher les questions en matière de rencontres. N'a-t-il pas récemment commué en huit jours de consigne une condamnation à trois mois de forteresse infligée à un médecin-major, qui, à la suite d'une discussion religieuse, avait grièvement blessé dans un duel un individu partisan des Juifs?

Ce qui n'empêche pas le même Guillaume II de compter parmi ses intimes un de ses anciens condisciples juif, le docteur Sommer, et d'avoir pour secrétaire particulier un Juif également.

D'autre part, il a, dans son ordre de cabinet, bien spécifié que les officiers devaient avant tout se conduire *chrétiennement*, ce qui indique que les *plus purs de la Nation* n'auront du moins pas à subir le contact de toute une classe de la société qui pourtant paye patente, qui se fait tuer dans le rang, qui a même droit à la chère et à la chandelle de l'empereur, mais à laquelle le monocle et la fausse épaulette du gradé sont interdits, ce qui va permettre encore au lieutenant joli-cœur de répéter, en dépit de l'intrusion bourgeoise, son refrain favori :

> *Omnium pulcherimus*
> *Est, qui* locum tenet
> *Species Apollinis*
> *Desiderium virginis*
> *Saltat in choreis.*

Der Gemeiner (l' « Homme commun », le simple soldat).
Exaltation de l'uniforme allemand.
Toujours bravaches !

Pour le soldat, il a sa gloriole aussi. Il chante son équipement :

« La tunique du grenadier allemand est le plus bel uniforme qui soit au monde ; — les boutons de cuivre de l'homme de la landwehr reluisent comme de petits soleils ; — les baïonnettes prussiennes sont les épingles *dont se servent les savants allemands pour fixer les insectes français ;* — les bottes du cuirassier allemand sont des bottes de mille lieues, car elles sont destinées à se poser sur tous les pays de l'Europe ; — *le casque prussien est le phare de la civilisation.* »

Et quand il écrit à sa payse, le soldat de Guillaume II se fend d'une belle feuille de papier qu'on lui vend à la caserne et qui porte cet en-tête :

Wir deutsche Soldaten allezeit
Mit unserm Kaiser vereint,
Sind tapfer, muthig und kriegsbereit
Und fürchten keinen Feind.
Und kommt der Russe und Franzos'
Und wollen sich Schlæge holen,
Gehn wir mit hurrah auf sie los
Und wollen sie versohlen.
Ja, greift uns selbst der Teufel an,
Stehn alle wir als Held !
Wir deutsche fürchten Gott allein
Sonst nichts auf diéser Welt !

TRADUCTION :

Nous, soldats allemands, constamment unis à notre empereur, nous sommes courageux, hardis, prêts au combat et ne craignons aucun ennemi. Et si le Russe et le Français viennent pour se chercher une râclée, nous tombons sur eux en criant hurrah! et les arrangeons de la belle manière. Et si le diable lui-même nous attaquait, nous serions tous là comme des héros. Nous autres Allemands, ne craignons que Dieu seul en ce monde.

Ah ! que Henri Heine connaissait bien ses compatriotes, quand il disait :

« Le patriotisme des Allemands consiste à haïr les autres peuples. »

Un cabaretier grand seigneur.

Les nobles ont fourni le commencement de ce chapitre ; ils nous donneront aussi le mot de la fin.

Dans plusieurs parties de l'Allemagne, le seul fait, pour un gentilhomme, de se livrer à un métier manuel, ou d'exercer une profession jugée incompatible avec la majesté du blason, entraîne la déchéance nobiliaire de celui qui s'en est rendu coupable.

Il est vrai que cette exécution est toute personnelle. De sorte qu'on peut voir, en ce moment, à Ramsen, dans le Palatinat, un aubergiste, comte très authentique de Tauffkirchen, l'une des plus vieilles familles d'Autriche et de Bavière, n'ayant droit, dans les actes civils comme sur son enseigne, et cela de par la loi du 26 mai 1818, qu'au nom de Tauffkirchen tout court, tandis que son fils et sa fille, qui servent à l'auberge, s'appellent Monsieur le comte et Mademoiselle la comtesse.

CHAPITRE VII

LES VACANCES DE L'EMPEREUR

Les effets du printemps.
Ce qu'on appelle communément UNE GAFFE.
Les discours de Kœnigsberg.
Les complaisances du MONITEUR DE L'EMPIRE.
Le dernier margrave.

A peine les perce-neige ont-ils montré leurs clo-
chettes et les lilas poussé leurs premiers tyrses que
l'empereur d'Allemagne chausse ses bottes de sept
lieues pour courir le monde.

C'est un exercice hygiénique qui lui est recommandé par les médecins. A ce compte, les diverses
cours de l'Europe n'ont qu'à se transformer en hô-

telleries : chaque année, Guillaume II leur reviendra avec les hirondelles. Comme il l'a dit en un toast demeuré légendaire, son humeur vagabonde n'a point été satisfaite dans sa jeunesse, ce qui le force à se rattraper maintenant.

Lors de sa tournée de 1890, sa première excursion, pour s'entraîner, le mena vers les provinces de l'Est de son empire, à la porte du voisin qu'il se proposait de visiter un peu plus tard. C'était, pour lui, l'occasion de s'annoncer d'une façon aimable à son futur hôte ; Guillaume II n'y a pas manqué. Assistant à un banquet où l'on célébrait un anniversaire pacifique, — il s'agissait du quatrième centenaire de l'université de Kœnigsberg, — le jeune souverain, levant son verre, s'écria dans une péroraison pleine d'à-propos :

«... S'il était dans les décrets de la Providence que la Prusse orientale eût à défendre ses frontières, son épée saurait en découdre avec l'ennemi, comme en 1870. »

On fit apercevoir le lendemain à Guillaume II que ses paroles avaient probablement outre-passé sa pensée. Il ne fit aucune difficulté d'en convenir et se promit bien de réparer la chose. Précisément la Diète provinciale lui offrait, le jour même, à dîner : c'était une occasion de prendre une revanche pacifique.

En effet, le discours s'annonça dans ce sens dès les premières paroles :

— Le devoir d'un empereur est de maintenir la paix, et j'y suis résolu...

La suite confirma ces bonnes intentions. Malheureusement, l'orateur, s'échauffant vers la fin, ne put maîtriser ses instincts véritables. Le naturel, disparu un moment, revint avec d'autant plus de *furia* qu'il avait été contenu plus longtemps. Soudain, l'œil en feu, la lèvre frémissante, le souverain allemand, serrant convulsivement le verre qu'il tenait en main, s'écria d'une voix de clairon :

— Je ne laisserai pas toucher à mes provinces de l'Est, et celui qui essaierait de le faire verrait que ma force et ma puissance sont des rochers de bronze.

Pour le coup, l'empereur de Russie et le reste de l'Europe furent édifiés sur la valeur des protestations pacifiques de Guillaume II ; mais ni l'un ni l'autre ne s'en inquiétèrent.

— Le petit a trop bu! Qu'il se modère! se contenta de dire le Tzar.

Et la question fut enterrée, — à l'étranger, s'entend ; car, en Allemagne, elle passionna quelque peu l'opinion publique, encore que le *Moniteur de l'Empire* n'ait pas enregistré les paroles incriminées.

C'est d'ailleurs l'habitude de cette feuille officieuse de réparer à sa manière les provocations impériales. Rien au *Moniteur*, donc rien d'arrivé ! Déjà, au moment du premier de l'an, pareil silence s'était imposé. Recevant les généraux venus pour lui présenter leurs vœux, l'empereur avait rappelé que l'armée devait toujours être prête à courir aux frontières.

Cette parole belliqueuse faisait tache au milieu du concert pacifique qui s'élevait de toutes les capitales européennes, en cette journée de trêve et de fête. Bien que non rendue publique, elle ne laissa pas que de causer une vive impression, d'autant que, cette fois, on ne pouvait mettre sur le compte du vin l'exaltation de l'empereur qui n'avait encore pris que son chocolat du matin.

Il en fut de même lors de l'ouverture de la Diète de Brandebourg, où Guillaume, sans avoir bu ni mangé, rappelant aux délégués qu'il était leur margrave, terminait son discours en disant :

— J'écraserai quiconque me désobéira...

C'était un peu trop se mettre dans la peau de ces anciens margraves de Brandebourg, devant lesquels tout tremblait. En entendant ces paroles, on a pu se croire revenu aux temps sinistres de Frédéric *à la Dent de fer*, d'Albert-l'Achille et des deux Joachim. Et les gens les moins prévenus, sans aller aussi loin que Bismarck, qui compare son ancien maître à *un jeune chien de chasse qui aboie après tout le monde*, se sont dit que dans le fond Guillaume II est un agité, d'un extrême nervosité, s'emballant au premier tournant, et ne pouvant jamais répondre de finir comme il a commencé.

Un demi-Dieu.
Réflexions d'un académicien français.
Trois têtes sous un même bonnet.
Les Danois se souviennent. — Un ministre à deux faces.

Sur un seul point, le jeune empereur est toujours logique avec lui-même. Une idée fixe le hante, d'après laquelle il se croit pétri d'un autre limon que les autres hommes. Cette prétention, il l'affiche en toute circonstance, et naturellement, à Kœnigsberg, plus que partout ailleurs, il était dans son rôle en lui donnant une consécration solennelle au cours de son toast agressif.

— C'est en cette ville, s'est-il écrié, que mon aïeul a proclamé de nouveau la royauté par la grâce de Dieu. C'est le signe que nous autres, les Hohenzollern, nous tenons notre couronne du Ciel, et

7

que c'est au Ciel seul que nous avons des comptes à rendre. Cette idée m'est profondément entrée dans l'âme, et c'est en elle que je mets ma force.

En commentant ces paroles, M. John Lemoinne, qu'on n'accusera certainement pas de haine et d'acrimonie, résumait ses impressions en ces quelques mots bien pensés :

« Ceci est dit au mois de mai de la présente année 1890. Quel malheur que Luther soit passé par le monde, que ce pauvre Voltaire, dont on ne veut plus, ait existé, et qu'il y ait eu dans l'histoire un événement, ou une série d'événements, qui s'appellent la Révolution française ! Sans ces légers empêchements, comme ce jeune empereur se serait bien arrangé avec le pape ! »

Ces lignes ont produit une certaine émotion en Allemagne, où M. John Lemoinne jouit de la considération à laquelle il a droit, et l'on n'a pas manqué de rappeler à cette occasion que Napoléon, lors de son couronnement, avait pris la couronne de la main du pape pour la poser lui-même sur sa tête, et que son neveu, Napoléon III, avait dit : « Je ne suis responsable que devant le peuple français. » On convenait que c'était là de la politique terrestre de droit humain, tandis que celle du jeune empereur allemand, persuadé de sa mission divine, s'écartait de tout équilibre normal. « Guillaume II, disait un de nos confrères, n'est responsable que devant Dieu, et Dieu seul. C'est dangereux pour les humains, car on sait que les desseins de Dieu sont impénétrables. »

L'inspiration divine ayant, pour commencer, produit la triple alliance et l'annexion d'Helgoland, l'empereur consulta de nouveau ses oracles pour mener à bonne fin l'édification de son système, et voilà ce qu'ils lui dictèrent :

Il y avait jadis une contrée qu'on appelait le royaume des trois-couronnes. C'était le pays scandinave, composé de la Suède, de la Norvège et du Danemark, avec la Finlande qui appartenait à la Suède. Depuis, les trois couronnes se sont séparées et la Finlande est allée à la Russie. Or, ce qu'a rêvé Guillaume II, c'est de faire revivre la vieille idée d'une grande Scandinavie, embrassant les anciennes provinces.

Naturellement, le roi de Suède a trouvé ce projet de son goût; mais la Norvège a, pour commencer, protesté vivement, par l'organe de son ministère, contre toute velléité d'adhésion à la triple alliance. Ceci s'est passé pendant le séjour même de l'empereur à Christiania, ce qui n'a dû lui causer qu'une médiocre satisfaction pour son entrée en campagne. Heureusement, le roi s'est empressé d'effacer cette impression, en donnant le nom de son hôte à l'une des principales rues de la ville. Guillaume l'a beaucoup remercié de cette attention, en ajoutant qu'il espérait bien que ses compatriotes allemands suivraient en grand nombre, à l'avenir, cette voie marquée au chiffre de l'Allemagne...

Un prince à qui l'entrevue de Christiania n'a point fait plaisir, c'est l'empereur Alexandre III. La perspective de faire cadeau de la Finlande au roi de Suède, pour la plus grande commodité de la Sainte-Alliance, n'avait, en effet, rien de bien séduisant. Le Tzar n'a rien dit dans le moment, mais il n'est pas allé l'an dernier à Copenhague comme il en a la coutume, pendant la belle saison. Bien qu'il soit douteux que le roi de Danemark ait trouvé tout naturel que son royaume devînt tout simplement une province de la Scandinavie, sur laquelle règnerait Oscar de Suède, il n'en est pas moins vrai que Christian a fait accueil à Guillaume II, et, pour cette raison, il suffisait, cet été-là, d'un seul empereur en Danemark.

Si le roi a eu un moment de défaillance en s'humiliant devant le petit-fils de son vainqueur, il n'en a pas été de même de son vaillant peuple. La presse allemande elle-même a dû convenir que la population danoise s'était montrée fort hostile à l'hôte de son roi. Un correspondant de la *Gazette de la Saale* écrivait à ce journal :

« Il est certain que le souverain a montré la plus grande cordialité à son visiteur; mais ce que je puis affirmer, c'est que la réception de notre empereur a été, de la part du public, *tout autre chose que de l'enthousiasme et de l'amitié*. Tous les bruits contraires, répandus par les autorités, doivent être considérés comme erronés. On m'assure que l'empereur Guillaume a été très vivement affecté de cet état de choses. »

D'après des indiscrétions de palais, un épisode imprévu n'a pas peu contribué à assombrir les pensées de l'impérial voyageur. Comme il s'apprêtait à prendre quelque repos, après une soirée de gala, où la cour et l'administration danoises avaient répandu des flots d'encens en son honneur, l'empereur, rentrant dans sa chambre, trouva sur sa table, bien en évidence, un vieux numéro du *Fædrelandet*, où était reproduit ce toast prononcé par le ministre de la guerre, dans un banquet politique, à Copenhague, en janvier 1887 :

« Nous nous souviendrons toujours que notre patrie a été déchirée et que beaucoup de nos compatriotes, restés fidèles, vivent dans l'esclavage sous l'aigle prussienne. Mais il ne sert de rien de se plaindre, il faut nous efforcer de reconquérir ce qui a été perdu, de réparer le dommage souffert.

» Le gouvernement et le Parlement ont, d'un

commun accord, établi des lois qui réduisent extrêmement le temps de service; aussi est-ce le devoir de chacun de s'exercer constamment, pour être complètement prêt quand le moment sera venu. Nous devons tous travailler incessamment à amasser des ressources, car il faudra beaucoup d'argent à ce moment. ▸

» Dans notre vie politique, nous devons nous montrer tous unis, afin que l'on voie bien que nous voulons livrer bataille dans une même confiance en Celui d'où viennent les épreuves et les réparations.

» Et quand le moment décisif sera venu, que ce soit tôt au tard, montrons tous la volonté de sacrifier tout ce que nous avons de plus cher au relèvement de la patrie danoise. Que le jeune homme sacrifie sa vie, le vieillard son argent, la femme son époux, la mère ses fils, et tenons bon, dussions-nous, comme habitants de Copenhague, avoir à prouver que nous ne sommes pas dégénérés de nos ancêtres, qui ont défendu leur ville contre les Suédois et les Anglais.

» Alors, nous reconquerrons sûrement ce que nous avons perdu. »

Après avoir lu ces lignes, l'empereur, fort ému, sortit sur l'heure de sa chambre pour demander des explications. Il lui fut répondu que le gouvernement danois avait, à l'époque, fait parvenir aux agences une note spécifiant que le discours du ministre de la guerre avait été reproduit inexactement, et qu'il n'y avait pas à lui prêter une tendance offensive envers la Prusse. Guillaume insista pour savoir si l'on avait rétabli le texte du toast, ou au moins indiqué quelles expressions avaient été dénaturées ou attribuées à tort à l'orateur; mais on dut convenir qu'on n'en avait rien fait. Alors, l'empereur se demanda comment ce discours avait pu être reproduit dans un journal strictement ministériel à l'insu et contre l'aveu du ministre lui-même, — et il en conclut qu'au fond le Danemark n'était pas aussi bien disposé pour l'Allemagne qu'on voulait le lui faire croire en haut lieu.

Une visite dont on se serait bien passé.
L'empereur dans le Schleswig.
Une reproduction de la guerre de 1864.
Les bourgeois de Bautzen.

Est-ce pour effacer cette impression, et pour faire revenir le peuple danois de ses préventions contre sa personne, que le jeune souverain prit, à ce moment même, la décision d'aller rendre visite à cette portion de ses sujets, qui, suivant l'expression du ministre danois, « vivent dans l'esclavage sous l'aigle prussienne ? » On conviendra que le moyen était mal choisi ; mais rien ne doit étonner de la part d'un prince amoureux des coups d'audace et qui a pu croire un moment que tous les rois de la terre allaient s'agenouiller devant celui « qui tient sa couronne du ciel seul. »

Lorsqu'on apprit dans le Schleswig-Holstein que le petit-fils de Guillaume Ier se disposait à honorer le pays de sa visite, l'émoi fut grand — si grand que les députés de ce malheureux pays, MM. Lassen et Johannsen, durent intervenir pour recommander à leurs concitoyens de s'abstenir de toute manifestation hostile... « Nous avons, disaient-ils dans leur manifeste, assez d'occasions de nous montrer fidèles à notre cause sacrée en restant sur le terrain légal. *Nos ennemis* ne pourront empêcher qu'au moment propice nous fassions valoir nos droits sacrés méconnus. »

Le *Flensborg-Avis*, reproduisant cette proclamaion, ajoutait :

« Les fêtes de Flensbourg seront de tristes journées pour nous. Elles ont été inspirées par le désir de nous narguer. Quand les Allemands se réjouissent, nous, nous pleurons. Ce n'est pas seulement la joie brutale des Allemands qui nous afflige, c'est encore leur arrogance. »

Devant cette attitude, celui qu'on appelle l'homme
de paille de l'empereur crut pouvoir se donner les
gants d'une réception correcte : trois semaines
avant l'excursion de son maître, M. de Caprivi faisait parvenir aux gouverneurs militaire, maritime
et civil, aux Landrath et aux présidents de cercles
des anciennes provinces danoises, une circulaire
brutale et menaçante, par laquelle il invitait ces
personnages « à prendre des mesures extraordi-
naires. »

Pour qu'on n'en ignorât, le successeur de M. de
Bismarck déclarait tenir de l'empereur lui-même
que des manifestations anti-allemandes pourraient
se produire dans la population, des incidents de
cette nature étant signalés chaque jour. Or, il serait
déplorable que de pareilles avanies s'adressassent,
sur le parcours du cortège, au souverain et à ses
invités, « parmi lesquels, outre un certain nombre
de princes de la confédération impériale, il devait
se trouver des étrangers et des représentants de
puissances amies. »

Le chancelier terminait en rendant les fonctionnaires, tant civils que militaires, responsables des
manifestations qui se produiraient dans leur dépar-
tement. Il en résulta toute une débauche de pla-
cards officiels, où la lyre bilieuse des fonctionnaires
impériaux s'en donnait à cœur-joie. Comme on le

sait, tout ce déploiement de zèle bureaucratique était parfaitement inutile. Guillaume II a été accueilli à Flensbourg sans gros mots, mais avec une hauteur dédaigneuse qui a dû lui rappeler ses voyages en Alsace.

Tout était provocation, cependant, dans cette équipée. Au lieu de venir en bon *Landesvater*, en bon père nourricier, avec sa femme qui est du pays, Guillaume II apparut aux yeux des Schleswigois sous les traits d'un conquérant escorté de toute une armée et d'une flotte complète. Un moment, les anciens ont pu se reporter à vingt-cinq ans en arrière, et ceux qui sont morts pour la patrie ont dû tressaillir dans leurs charniers, en entendant recommencer sur leur tête les batailles auxquelles ils avaient assisté. Aucun détail de la campagne de 1864 n'a été omis durant ces manœuvres du 10° corps et de la flotte : les habitants ont pu, le cœur saignant, assister au passage de Danewerk, au combat de Flensbourg, à l'assaut des lignes de Duppel;..... pour que l'épreuve fût complète, il ne leur a manqué que le bombardement pendant quarante-cinq jours de Sondesbourg, et la canonnade de trois jours contre l'île d'Alsen... A quand la bataille de Forbach et celle de Wœrth, que Guillaume II a cru devoir exalter, sans rime ni raison, lorsqu'il prit possession de l'île d'Helgoland, en ordonnant qu'on arborât *son* pavillon et celui de *sa* marine.

Ne rions pas! A défaut de Forbach et de Wœrth, l'arrière-petit-fils de Frédéric-Guillaume III a souvent parlé de porter la petite guerre sur le champ de bataille de Leipzig. Pousserait-il jusqu'à Bautzen? C'est douteux! car les souvenirs de la journée du 20 mai sont restés vivants chez les habitants de cet endroit. Un correspondant de l'*Alsacien-Lorrain* écrivait dernièrement à ce journal :

« Etant à Dresde, je voulus voir les champs de bataille de Lützen et de Bautzen; je partis en touriste, et par un hasard heureux, ce fut justement un 20 mai. J'étais loin de penser qu'il y eût un seul habitant du pays dans la génération actuelle qui se souvînt de cet événement, lorsque j'entendis, en traversant la place du Marché, une fanfare de trompettes qui retentissait du haut du clocher de l'église. La curiosité me fit demander à un passant en l'honneur de quel saint avait lieu cette aubade; il me répondit très tranquillement :

» — C'est en souvenir de la frottée que les Français et nous, les Saxons, avons flanquée aux Prussiens en 1813! »

Nous l'avons dit souvent, et nous le répétons : Tout le monde n'est pas Prussien dans l'Allemagne impériale.

L'entrevue de Narva.
Guillaume II est fait prisonnier. — Un froid glacial.
Six verres d'eau pour un verre de vin.
Les vraies manœuvres.
Second échec de Guillaume II.

Nous passerons sous silence le voyage en Angleterre, où l'empereur, visitant une caserne, fit goûter un petit pâté d'ordonnance *(penny pork pie)* par un officier de son escorte, et l'excursion sur les côtes de Belgique, qui a fait pousser de si profonds soupirs aux échevins d'Ostende, lorsqu'il fallut payer la carte des réjouissances organisées, par ordre, en l'honneur de l'hôte du roi Léopold. Aussi bien, le fameux voyage en Russie, qui a changé la face des éventualités européennes, nous réclame.

Guillaume arrivait à Narva tout fier des succès diplomatiques qu'il s'attribuait. « A nous le monde! » s'était-il écrié du plus loin qu'il avait aperçu le tzar. Mais celui-ci s'était hâté de calmer son enthousiasme. D'abord, il lui demanda des nouvelles du prince Waldemar, que l'empereur d'Allemagne avait fait venir à Osborne pour lui proposer le trône de

Bulgarie, que celui-ci s'était empressé de refuser.
Ensuite, il le félicita d'avoir suivi les avis de Bismarck, qui lui avait, l'année précédente, conseillé ce voyage en Russie. Il avait eu raison de s'inviter, et comme il était venu pour voir des soldats, il se proposait de lui en montrer, et des meilleurs.

Déjà, Guillaume, en débarquant, avait harangué la garde d'honneur en langue russe. Mais il voulut faire mieux : il émit le désir de commander, aux manœuvres de Narva, le régiment de Viborg, dont il est le chef honoraire, ce qui lui fut accordé. Mal lui en prit, car il fut fait prisonnier. Ce fut une grande joie parmi les officiers qui avaient pris part à cette journée, dont on s'est promis de célébrer chaque année l'anniversaire.

Sous le rapport politique, le jeune souverain n'avait pas été plus heureux. L'empereur russe s'était refusé à tout entretien politique, ce qui causa un tel mécontentement à Guillaume qu'il en abrégea son séjour à la cour de Russie. Une seule fois, le Tzar laissa deviner un coin très significatif de sa pensée. C'était à une fête offerte par les officiers du régiment de Preobajenski, dont l'empereur d'Autriche est le chef. Au moment des toasts, Alexandre III leva son verre et but à son hôte, l'empereur d'Allemagne. La musique entonna l'air national allemand, que tous les assistants écoutèrent debout. Il en fut de même pour l'hymne russe qui suivit, au milieu d'un tonnerre de hurrahs, le toast de Guillaume II à l'empereur Alexandre et à sa vaillante armée. Alors, suivant l'usage, le Tzar porta la santé de l'empereur d'Autriche; mais il s'assit aussitôt, ainsi que toute l'assistance, tandis que l'hymne autrichien se déroulait au milieu d'un silence glacial. Seuls, l'empereur d'Allemagne et l'ambassadeur d'Autriche demeurèrent un instant debout; puis ils s'assirent à leur tour, après avoir échangé un regard surpris.

Il est vrai qu'un peu plus tard on devait faire, à la cour du Tzar, une réception brillante et cordiale à l'archiduc François-Ferdinand, héritier présomptif du trône austro-hongrois; mais cette manifestation, quoique tout opposée à celle du banquet de Narva, n'était pas faite pour satisfaire davantage l'empereur d'Allemagne. A tout prendre, il préférait encore les menaces que les risettes à l'Autriche.

Avant de quitter Peterhof, Guillaume usa d'un dernier moyen de séduction : il en appela aux consanguinités des familles impériales de Russie et d'Allemagne; il réédita Pouschkine, qui, voyant en Pierre le Grand le dernier Moscovite, a dit : « Dans la vaste coupe on a versé un verre de vin : c'est le sang slave de Pierre; on y a joint : un verre d'eau pour l'épouse allemande de son fils; un second pour l'époux allemand de l'impératrice Anne, fille de ce fils; un troisième pour l'impératrice Catherine, femme de Pierre III; un quatrième et un cinquième pour les femmes allemandes de Paul et de Nicolas, et enfin un sixième pour l'impératrice Marie, femme d'Alexandre II... » Pour terminer, — comme s'il n'y en avait pas assez, — Guillaume fit valoir encore la tzarine actuelle, fille de Danemark, mais, suivant lui, de pur sang germanique... Ceci fut le mot de la fin, dans l'acception propre du terme... Le Tzar se souvint, comme les Danois,... et son cousin de Berlin n'eut d'autre ressource que de s'en aller faire manœuvrer ses Prussiens en Silésie.

Alexandre III, de son côté, donna l'ordre de commencer, en Russie, les manœuvres sérieuses; car celles de Narva n'avaient été faites que pour amuser « le petit. » C'est à Rovno, en Volkhynie, qu'eut lieu la vraie petite guerre, — celle qui prépare pour la grande. Là, commandaient deux généraux de la plus grande valeur, Gourko et Dragomiroff, ceux-là mêmes qui seraient choisis par le Tzar, en cas de guerre avec la triple alliance, l'un pour commander une armée contre la Prusse, l'autre pour faire face aux troupes austro-hongroises. On a peu parlé de ces manœuvres, où figurait l'élite de l'état-major russe. Le général Stroukoff, qui est le plus brillant élève de Skobeleff, et le général Ter-Assatouroff, qui a prouvé sa valeur dans la dernière guerre contre les

Turcs, commandaient la cavalerie des deux corps d'armée. On a aussi beaucoup remarqué le célèbre écrivain militaire russe, général Pusyrewski, chef d'état-major de Gourko.

Pendant ce temps, Guillaume II subissait un nouvel échec en Silésie. Pour montrer ses talents guerriers à l'empereur d'Autriche, qui assistait aux manœuvres, il se mit à la tête de deux divisions de cavalerie et malmena fort les contingents ennemis. Mais, en s'engageant trop, il se trouva battu par l'infanterie, qui tirait avec le nouveau fusil à répétition et la poudre sans fumée. Un régiment de dragons, arrivant à la rescousse, changea la défaite en déroute.

Ce qui n'empêcha pas la victime de cette mésaventure d'exprimer à l'empereur d'Autriche l'espoir qu'il devait être convaincu que l'armée allemande avait conservé, sous sa direction, les qualités dont elle faisait preuve sous le commandement de son grand-père, Guillaume Ier.

François-Joseph répondit qu'il était fier d'avoir un allié possédant une pareille armée.

On ne passe pas plus gaiement l'éponge sur le passé.

CHAPITRE VIII

UN EMPEREUR FIN DE SIÈCLE

Oh ! qu'on n'aille pas croire que ce titre soit de nous. L'empereur Guillaume n'entend pas raillerie sur le chapitre des égratignures. N'a-t-il point fait poursuivre dernièrement plusieurs ouvriers alsaciens, convaincus d'avoir chanté dans une taverne une chanson avec ce refrain : *Guillaume Ier était l'empereur du vieil âge; Frédéric III était l'empereur sage ; Guillaume II est l'empereur en voyage ?...* Il est vrai que les juges, ne pouvant, avec la meilleure volonté du monde, taxer de crime ou de délit le fait de classer Guillaume II parmi les souverains voyageurs, ont acquitté les prévenus ; mais cette clémence est isolée.

Le titre *Un empereur fin de siècle* figure donc

dans une revue, *The Referee*, qui paraît à Londres. Au-dessous, on lit :

Extraits du journal de Sa Majesté Guillaume II,
empereur d'Allemagne.

Voici ces extraits :

LUNDI. — Donné un coup d'œil à l'Opéra... Très mécontent du chef d'orchestre. Je lui ai crié d'arrêter ; je suis descendu dans l'orchestre ; j'ai pris le bâton de mesure et je lui ai enseigné comment il fallait s'en servir... Musiciens trop stupides pour me comprendre ; je leur ai donné congé à tous pour demain... Prima-donna nerveuse, commence à sangloter ; je lui ai dit de ne pas faire de manières, que ce n'était pas de son âge ; j'ai escaladé la scène et je l'ai engagée à m'écouter. J'ai chanté son rôle. Spectateurs remplis d'enthousiasme. Tous se sont levés spontanément, criant *bis ! bis !* Je n'aurais jamais cru que je pusse jouer si bien Marguerite, en uniforme... Faust, tout tremblant au milieu de la scène, en oublia son rôle. Je le fis décamper et chantai à sa place. Je ne sais si j'ai aussi bien joué le rôle de Faust que celui de Marguerite ; mais ce que je puis dire, c'est que l'enthousiasme du public ne fit que s'en accroître... Orchestre complètement démoralisé. Le premier violon frappé d'un coup d'apoplexie. Le chef emmené dans une maison d'aliénés... J'arrêtai la représentation et je donnai l'ordre aux spectateurs de quitter la salle et de reprendre leur argent à la caisse, une pareille représentation ne pouvant se payer assez cher... Tonnerre d'applaudissements ! On se précipite vers les bureaux... Désormais, je dirigerai l'Opéra *moi-même*.

MARDI. — Excursion en mer à bord d'un nouveau paquebot du *German Lloyd* qui fait le service d'Amérique... Joli vaisseau. Capitaine un peu borné. Il ne commande pas selon ma manière, *à moi*... Je lui ai fait quitter la passerelle, et j'ai pris sa place pour lui montrer comment il faut s'y prendre... J'ordonnai de marcher à toute vapeur et coulai deux vaisseaux. Ils auraient dû s'écarter. J'aurais fait punir les deux capitaines très sévèrement s'ils ne s'étaient noyés... Timonier plus idiot encore que le capitaine. Je saisis la barre du gouvernail et dirigeai à ma façon. Le vaisseau donna bientôt sur un rocher... J'ordonnai aux hommes de mettre les chaloupes à la mer et de me prendre avec eux... On ne se servira plus de ce navire. Il doit avoir quelque vice de construction ; autrement il n'aurait pas rencontré le rocher, alors que je tenais le gouvernail *moi-même*.

MERCREDI. — Visite à l'hôpital ***... Témoin de plusieurs opérations... Très mécontent de la façon dont le professeur Schneider s'y prend pour couper une jambe.... J'ai pris sa place ; mais j'ai choisi l'autre jambe, parce que celle qu'il avait entamée était déjà à moitié coupée et que l'opération avait été mal commencée... Je coupai aussi un bras au malade... Les étudiants ont déclaré que c'était merveilleux... Je demandai à l'homme comment il se trouvait. Pas de réponse. On m'a dit qu'il était mort... C'était fort inconvenant de sa part, alors que je l'avais opéré *moi-même*.

JEUDI. — Au palais de justice... On était en train de juger un voleur... Très mécontent de la procédure... Je dis au procureur de s'asseoir, et je me chargeai de la cause... Mon discours impressionne vivement le jury. Président troublé. Je lui ordonne de me céder son fauteuil et je prononce l'arrêt *moi-même*... Il faut mettre fin aux vols et aux voleurs ! Je condamne mon homme à mort ! Tonnerre d'applaudissements... C'est augmenter le châtiment que de faire traîner les exécutions ; c'est même inhumain... J'ordonne donc qu'on exécute la sentence sur l'heure... On va, on court : Où est le bourreau ?... Il paraît qu'il est sorti, pour des emplettes, avec sa femme... Alors, je fais entrer une compagnie de soldats, qui me fusillent mon voleur en plein tribunal, c'est du temps et de l'argent d'économisés... Tout le monde trouve excellente mon idée ; mais, à ce moment, se précipite une dame qui a retrouvé le porte-monnaie, cause du litige... Autant valait dire que je m'étais montré plus que sévère, — comme si c'était possible ?... J'ai condamné, de suite, cette bonne vieille à six mois de prison, et je suis rentré chez moi, pour surveiller le ramonage de mes cheminées. Le ramoneur impérial se fait vieux, et ses idées ne sont pas *les miennes*.

L'après-midi, chasse chez le burgrave de Munchhausen. — Accident sérieux : J'ai confondu le maître de la maison avec un sanglier qui allait se désaltérer au bord de la Sprée... Aussi, pourquoi venait-il se mettre juste au bout de mon fusil... Ah ! cette poudre sans fumée !

VENDREDI. — Je n'ai pas fait grand'chose aujourd'hui ; j'ai passé en revue la flotte et l'armée, et j'ai dressé le plan d'une nouvelle cathédrale à Cologne ; — je vais faire démolir l'ancienne, elle n'est pas de mon goût... J'ai fait voir à mon cuisinier comment il faut faire les tartes aux pommes, et j'ai retouché quelques-uns des portraits de mes ancêtres dans la galerie des tableaux... L'après-midi, j'ai pris un ciseau et je suis allé en ville pour modifier quelques statues publiques... Ensuite, j'ai repris le chemin du logis. J'ai lu quelques pièces de Schiller, dont j'ai modifié nombre de vers, qui m'ont paru vieillots... Enfin, je me suis couché de bonne heure ; mais j'ai dû refaire mon lit *moi-même*... Je montrerai demain à la femme de chambre comment on arrange un lit.

SAMEDI. — J'ai passé la matinée tranquillement avec l'impératrice et les enfants... Bébé, très mal dans son bain... Chez moi, personne ne sait laver un bébé... J'ai déshabillé, *moi-même*, Bébé... J'ai montré, *moi-même*, à la nourrice, comment il faut opérer... Malheureusement, un peu de savon est entré dans l'œil de Bébé, qui se mit à pousser des cris aigus... Ce savon doit être falsifié... Je vais en inventer un *moi-même*.

DIMANCHE. — A l'église !... Le prédicateur de la cour trop lent. J'ai pris sa place ; j'ai conduit le service *moi-même*, et j'ai improvisé un sermon... Jamais on n'avait entendu pareil sermon !... Collecte, pas grand'chose !... J'ai dit qu'à l'avenir, tout le monde devra mettre une pièce de vingt marks sur le plateau... L'auditoire a paru frappé de l'originalité de cette idée.

Finalement, je suis rentré chez moi, et j'ai terminé ma journée dans les joies intimes de la famille, triturant dans ma tête une rédaction nouvelle de l'*Ancien Testament*, selon mes idées *à moi*.

CHAPITRE IX

A L'APPUI DU CHAPITRE PRÉCÉDENT

La fiction et la vérité.
L'empereur et les choristes de l'Opéra.
Révolution à la Comédie.
Une pièce cousue de fil blanc. — Thermidor à Berlin.
Lyre et sabre.

Assurément, le tableau que nous venons de mettre sous les yeux de nos lecteurs est chargé; mais en le reprenant par le détail, l'on ne peut s'empêcher de convenir qu'il frappe juste, souvent.

Si l'empereur ne joue pas *Faust* et *Marguerite* à l'Opéra, il ne se prive pas de chanter en petit comité, du Wagner surtout, pour lequel il possède une méthode particulière, qu'il s'efforce volontiers d'inculquer aux artistes voués à cette musique. Mais il ne faut pas croire pour cela que Guillaume II ne s'occupe pas de sa première scène lyrique. Ayant fait dernièrement la remarque que les choristes, représentant des soldats, négligeaient de marcher au pas, il leur dépêcha, pendant l'entr'acte, un de ses aides-de-camp, chargé de leur annoncer qu'ils seraient, à partir du lendemain, soumis à l'instruction militaire.

A la Comédie, c'est toute une révolution que l'empereur suscita. Le directeur de cette scène, porteur d'un nom célèbre dans les fastes dramatiques de l'Allemagne, fut brisé comme un simple Bismarck, à la suite d'une représentation du *Prince de Hombourg*, qui n'avait pas eu le don de satisfaire Sa Majesté.... Détail caractéristique : son successeur, M. Max Grube, ne porte pas le titre de directeur : il est régisseur général de la scène, le souverain se réservant la haute main sur tout ce qui touche à ce théâtre.

Il l'a prouvé, lors de la mise en scène d'un drame de M. de Wildenbruch, *le Nouveau Maître*. On a prétendu que Guillaume II avait donné le plan de cette pièce, qu'il y avait même collaboré : c'est fort possible ; d'autant que les allusions qu'on y remarque n'offrent pas toujours la transparence délicate

qui est l'apanage des gens du métier. L'action se
passe au début du règne du Grand-Electeur, et tout
ce qui est advenu depuis, dans la maison de Brandebourg, y est prophétisé d'une façon si précise et
dans un ordre chronologique si méticuleux, que la
simplicité du procédé mis en usage par l'auteur
amena souvent un rire irrévérencieux sur les lèvres
des assistants.

L'empereur avait pris le plus vif intérêt à cet ouvrage. Il avait assisté à presque toutes les répéti-
tions, — une fois même il n'était pas resté moins
de cinq heures au théâtre, — et tel était son désir
de donner à la première représentation un éclat
extraordinaire, que, retenu à Potsdam par un dîner
d'officiers, il fit donner l'ordre de retarder le spectacle d'une heure, afin d'ajouter par sa présence à
la solennité du lever de la toile. Les spectateurs
attendirent patiemment, mais peut-être faut-il voir
dans leur tenue, pendant la soirée, la marque d'une
maligne vengeance, issue d'une épreuve un peu
fantaisiste. L'empereur dédommagea l'auteur de ces
petits désagréments en accrochant *lui-même* à sa
boutonnière la croix de l'ordre de l'Aigle-Rouge.

On sait la part que l'empereur a prise aux représentations de *Thermidor* dans sa capitale. La politique n'y était pas étrangère, aussi bien par la nature
du drame que par ce que c'était faire pièce aux

Parisiens que d'accueillir à Berlin un ouvrage discuté par eux. Autrement, on peut tenir pour certain que Guillaume II, très hostile à tout ce qui vient de France, ne se serait pas dérangé pour une pièce française. Il est vrai que si son regard s'est, pendant la première représentation de *Thermidor*, porté sur le programme des théâtres, il aura été désagréablement surpris en constatant que le même soir, tous ou presque tous les théâtres de Berlin donnaient des pièces parisiennnes ; — nous copions textuellement : *Feu Toupinel, Gavaud, Minard et Cie, Miss Helyett, L'Oiseleur* (d'après une Nouvelle de Biéville), et enfin, à l'Opéra, *Fra Diavolo*.

Parfois, il arrive que ce qui se passe sur la scène n'est pas ce qui occupe l'esprit de l'empereur. Un jour, comme il paraissait très absorbé dans la musique d'un opéra de Wagner, il se leva brusquement, courut au chemin de fer, monta dans un train et descendit au Hanovre, où il fit alarmer la garnison, pour la plus grande stupéfaction du général Bronsart de Schellendorf, qui dut sauter à bas de son lit, comme un simple conscrit, au premier appel de trompette.

La musique de Wagner a de ces surprises.

L'amiral Guillaume.
Berlin port de mer. — Les Anglais à Cologne.
Une amusante méprise.
On ne badine pas avec l'empereur.
Les écumeurs de la Sprée.

Guillaume II n'a pas encore coulé de navires, comme le prétend *The Referee*, mais il en a commandé.

L'un des plus beaux jours de sa vie fut certainement celui où il parut aux yeux éblouis des Berlinois, en grand costume d'amiral, monté sur un torpilleur qu'il avait amené de la mer à la Sprée, pour le plus grand ébahissement de ses compatriotes.

Un torpilleur à Berlin, et sur la Sprée encore!... qui est large comme le canal Saint-Martin, cela paraît plus fort qu'une frégate à Paris. Il en est ainsi cependant, et bien d'autres surprises sont réservées aux Berlinois. Le temps n'est pas loin où l'empereur verra de sa fenêtre les mâts de ses vaisseaux de premier rang... Vous riez! Cela sera pourtant! A Paris, on fait des pièces très spirituelles sur *Paris port de mer* ; à Berlin, on a mis la main à la pioche ; les travaux avancent ; et l'Europe apprendra bientôt avec stupéfaction qu'elle compte un port de mer de plus.

Pour Cologne, les choses iront plus promptement encore. Lors de son dernier passage en cette ville, l'empereur, visitant les travaux des Docks, annonçait aux magistrats qu'ils salueraient prochainement le pavillon anglais. Cette prédiction se réalisera certainement. Il est vrai que les échevins de l'ancienne ville hanséatique auraient pu faire observer à leur souverain que le cas n'était pas nouveau. En 1827, le premier bateau à vapeur qui fit le service régulier entre Cologne et Coblence avait été amené d'Angleterre.

En attendant cet épanouissement de la marine à l'intérieur de l'Allemagne, l'empereur fait manœuvrer sa flotte de plaisance sur la rivière d'Havel et sur les lacs qui en dépendent. Il y a conduit également son torpilleur. Un soir, comme il s'était invité à souper au casino des hussards de la garde, à Potsdam, un officier, le prenant à son uniforme pour le commandant du torpilleur, qu'il connaissait, lui frappa sur l'épaule en disant : — Eh bien ! Senden, il paraît que vous allez alarmer l'*aquarium* ce soir !

Guillaume II se retourna vivement. Par bonheur

il était bien disposé ce jour-là, ce qui évita au malencontreux lieutenant le sort de cet officier qui, jouant aux cartes avec l'empereur, sur le *Hohenzollern*, pendant le voyage de Norvège, fut débarqué au premier port qu'on rencontra, parce qu'il s'était permis de répondre familièrement aux plaisanteries de son auguste partenaire.

En attendant Berlin port de mer, la marine s'en donne donc à cœur-joie aux environs de Potsdam. Déjà, les journaux ont ouvert une rubrique, *Les Pirates de la Sprée*, pour les vols commis dans les propriétés riveraines.

A quand le premier naufrage?

La médecine-Koch. — Heur et malheur. Trop pressé. — Le triomphe du lapin.

Pour ce qui concerne la médecine, on n'a pas oublié le rôle de l'empereur dans l'invention Koch. Il était fort pressé de la voir se produire, et c'est lui, paraît-il, qui exigea la proclamation du nouveau spécifique, ce qui a mis l'infortuné Koch dans la triste situation où on le voit actuellement.

Au Congrès médical de Berlin, en août 1890, le professeur Koch entretenait timidement ses confrères de ses recherches de bactériologie, notamment du bacille de la tuberculose. Il était déjà connu par d'importants travaux, — on se rappelle ses démêlés avec M. Pasteur, au moment du choléra, — mais pour nombre de gens il était encore l'homme aux souris blanches, l'ogre aux poules noires, le chasseur aux lapins fauves, toutes bêtes dont il faisait une consommation effrénée.

Ah ! quel emballement, lors de l'apparition du *Tuberculinum Kochii !* Toute l'Europe courut à Berlin, la France en tête, pour bénéficier de la prodigieuse découverte. Les millions affluèrent à l'Institut Koch. Puis, le maître partit pour une tournée triomphale. Il donna ses soins au sultan ; il visita toutes les cours; il fut anobli, décoré de tous côtés... Que reste-t-il de cet engouement? Rien, pas même un peu de fumée... Le professeur Wirchow a déclaré que la *tuberculine* était plus capable de faire mourir les gens que de les sauver, et cela a été la fin de la *tuberculine*... L'empereur avait beaucoup compté sur cette lymphe magique pour combattre ses maux d'oreilles, qui, on le sait de reste, sont parfois intolérables et nécessitent souvent des opérations douloureuses. Aussi a-t-il éprouvé un grand déplaisir à voir le revirement qui s'est produit dans le public contre son protégé, qu'il eût volontiers blâmé de s'être trop pressé.

Les lapins, seuls, ont profité de la réclame que leur a faite l'invention du docteur Koch. Ils avaient été jusque-là l'objet d'un préjugé populaire qui les éloignait des casseroles allemandes ; ils auront maintenant les honneurs des tables les plus friandes. Une association s'est fondée dans ce but, à Berlin. Elle a son journal, la *Feuille de l'élevage des lapins;* elle publie des brochures, avec cette épigraphe : *La Viande pour tous;* et déjà quelques restaurants berlinois font figurer la gibelotte sur leur carte du jour.

Heureux lapins ! Heureux Allemands !

Le lièvre allemand. — ... Faute de précaution.
Les stades cynégétiques de l'empereur.
Respect à la plume. — Une chasse bien contrariée.

Le lièvre allemand n'a pas été jusqu'ici l'objet du même opprobre dans sa patrie que le doux Jeannot. Il est gros, long et pâle en fourrure. Sa chair serait bonne si, comme l'a fait remarquer M. de Cherville, dans sa *Vie à la campagne,* du *Temps,* l'on prenait soin de procéder, comme chez nous, à une petite opération hygiénique... et hydraulique, aussitôt après la mort de l'animal. Mais, quoiqu'il en soit, on chasse beaucoup le lièvre en Allemagne, où il est très abondant. Au tableau d'une chasse récente de l'empereur ne figuraient pas moins de sept cents pièces de ce gibier.

Combien le souverain en avait-il abattu pour sa part? Le rapport ne l'a pas dit. On a su par la *Gazette de la Croix* que, par ordre supérieur, on a marqué, dans les forêts de l'État, d'un petit monument consistant en un pieu surmonté d'une couronne, les endroits où Sa Majesté a tué un chevreuil; mais jusqu'ici, l'on n'a pas encore ouvert le livre d'or des lièvres, encore moins des oiseaux.

De mauvais esprits font courir le bruit que ces gallinacées sont rebelles aux coups de fusil — même sans fumée — de l'empereur. Lors du dernier voyage de Guillaume II en Alsace, on racontait que tous les forestiers des Vosges avaient reçu l'ordre de s'emparer de tous les coqs de bruyère qu'ils rencontreraient, pour les expédier à Hagueneau; car cet oiseau ne se trouve plus dans les forêts de la plaine. On les lâcha à la portée de l'empereur, qui ne fut pas très heureux — c'est du moins ce qui ressort d'un article de la *Strassburger Post*, où il est dit que Sa Majesté n'avait point daigné tirer, parce que ses exploits eussent été, dans l'espèce, indignes d'un vrai chasseur.

Dans l'intervalle de ses voyages, Guillaume II, pour donner aliment à son besoin de locomotion perpétuel — ce que le docteur Gall eût appelé la bosse de là déplacivité — va chasser chez les uns, chez les autres, un peu partout !

Les petits princes allemands, souvent même de simples comtes, encore souverains, sont plus nombreux qu'on ne le pense. D'aucuns, dans le mouvement, mènent grand train; d'autres sont pauvres comme Job; ce qui ne les empêche pas de faire figure, à l'occasion... Vienne l'empereur : ce sont les petits plats dans les grands !

L'un d'eux avait organisé une chasse au cerf, étonnante, mirifique, — mais laissons la parole à une gazette allemande qui a conté la chose :

... Le temps était merveilleux, l'entrain superbe; on allait se mettre en chasse, on n'attendait plus que le signal, — lorsque le grand veneur se présente, l'air fort embarrassé, tournant sa casquette entre ses doigts.

— Qu'est-ce? demande le comte, surpris de cette attitude.

— Altesse, il y a... il y a que... la chasse ne peut avoir lieu.

— Allons donc!... Et pourquoi ?

— Altesse, je vais vous dire... C'est que l'un des cerfs, effrayé de voir tant de hauts personnages, s'est enfui chez un voisin dans une chasse gardée.

— Eh bien! et l'autre?

— L'autre... ah! voilà?... l'autre est malade depuis hier... Mais que Votre Altesse se rassure! ce ne sont que des coliques...Nous lui donnons de la bourrache... Il sera rétabli dans deux jours...

Une journée bien employée.
La cuisine de l'empereur. — Un croquis disputé.
Les artistes français et l'exposition de Berlin.
Peinture et boulangerie.

Le surmenage qui marque la journée du vendredi dans la *Referee* reste en plusieurs cas au-dessous de la vérité.

Lors de la chasse au coq de bruyère dont nous avons parlé, l'empereur, après un long trajet de Wilhelmshaven à Haguenau, était descendu de wagon à une heure du matin, en pleine forêt, où l'on avait reconnu les gîtes du gibier poursuivi. — Au petit jour, hécatombe de volaille. — A 6 heures, entrée en ville, par une pluie battante. — Rapport militaire. — Départ pour Strasbourg. — Là, trois rapports au lieu d'un, fort longs chacun. — A midi, grand déjeuner chez l'empereur. — Aussitôt après, revue des troupes et manœuvres. — A huit heures, dîner de gala chez le statthalter. — Le soir, réception, retraite aux flambeaux, etc, etc... On conviendra que la journée avait été bien remplie.

A Berlin, les rapports de cabinet et les excursions militaires se doublent de nombreuses occupations privées dans le genre de celles rapportées par la Revue anglaise.

On connaît la parcimonie de Guillaume II pour tout ce qui touche à sa table. A la place des grands maîtres Urbain, Dubois et Bernard, qui régnaient en souverains absolus dans les sous-sols du petit palais de Guillaume Ier, *sous les Tilleuls*, un pauvre maître-queux allemand, flanqué de marmitons de rencontre, préside aux destinées des menus impériaux dans les somptueuses cuisines où Frédéric Ier, imitateur en toutes choses de Louis XIV, avait créé un état dans l'état... Que peut-il faire, le cuistre, avec les deux marks que l'empereur lui accorde par déjeuner, et les quatre marks par dîner... Pour les *extra*, c'est un officier de bouche spécial qui fait le marché à la halle centrale, liardant sur tous les achats pour se ménager, sur la somme allouée, un reliquat qui constitue son unique rétribution. De même, le chef de cuisine touche un tant pour cent sur les économies de combustible : il est vrai qu'il paye la moitié de la casse. Pour les fruits et les légumes, ils sont fournis par les potagers royaux de Potsdam et de Babelsberg. Les fermes-modèles du Grand et du Petit Glienicke produisent les volailles, les œufs, le beurre. La chasse apporte un contingent appréciable à l'ordinaire dú Château. Enfin, il ne faut pas oublier le casuel, se traduisant par des dons en nature, qu'on sait être toujours les bienvenus, à l'office comme à la salle à manger de l'empereur..... Grâce à ces avantages, Guillaume II est arrivé à faire une économie annuelle de 150,000 marks sur sa table... Avec cette réserve, on peut bien se permettre d'inventer une tarte aux pommes.

Pour les retouches aux tableaux de maîtres, nous en laissons toute la fantaisie à l'auteur d'un *Empereur fin de siècle*. En fait de peinture, Guillaume II se contente d'un talent d'amateur, porté principalement vers les sujets maritimes. Le salon de son yacht est tapissé de ses œuvres, écloses sous l'inspiration du tangage et du roulis. Il a fait parvenir à sa grand'mère la reine Victoria, pour sa fête, un dessin représentant le vaisseau anglais *The Thunderer*. Enfin, le casino des officiers d'un régiment de uhlans, en garnison au Hanovre, possède un croquis qui a son histoire. Un lieutenant ayant demandé comment était fait un brise-glaces, l'empereur dessina sur une feuille de papier un navire muni de cet engin. Après s'être confondu en remerciements, l'officier s'apprêtait à serrer précieusement dans son portefeuille l'impérial croquis, lorsque le colonel intervint pour le réclamer, comme propriété du régiment. Une discussion s'éleva, à laquelle l'empereur mit fin, en faisant de la meilleure grâce un nouveau dessin, auquel il ajouta même un phare, ce qui mit tout le monde d'accord.

Ce résultat heureux a dû revenir souvent à la pensée de Guillaume II; car on sait que la peinture ne lui a pas toujours réussi. Ses compliments de condoléance, lors de la mort de Meissonier, n'ont pas reçu l'accueil qu'il croyait réservé à une démarche destinée, dans son esprit, à préparer une réconciliation avec la France. Le congrès médical, M. Jules Simon à Berlin, les médecins français accourus pour suivre les effets de la lymphe de Koch, avaient admirablement préparé le terrain, que la participation de nos peintres à l'exposition jubilaire des artistes prussiens devait pavoiser aux couleurs du triomphe.

On sait ce qui s'est passé. Des flots d'encre ont été répandus dans la presse française pour savoir si, oui ou non, nos maîtres devaient aller fraterniser avec leurs collègues étrangers réunis à Berlin. Les uns étaient pour, au commencement ; tout le monde était contre, à la fin. Les raisons les plus disparates ont été données pour engager nos artistes à s'abstenir. Nous ne les reproduirons pas ; mais nous nous permettrons de raconter à cette place un petit fait, bien étranger au débat, il est vrai, mais qui peut s'y rattacher, par ricochet.

Un boulanger de Cernay s'étant avisé de dire que la journée du 1ᵉʳ mai serait marquée par de grandes manifestations nationales dans chaque pays, de manière qu'on crierait : Vive l'Allemagne ! en Allemagne, et Vive la France ! en France, a été poursuivi pour ce fait. Il est vrai que les juges de Cernay s'étaient bornés à une réprimande ; mais la cause ayant été, par un appel *à minima*, portée devant le tribunal de Mulhouse, celui-ci cassa l'arrêt et condamna le prévenu à six semaines de prison, « attendu qu'il avait causé un honteux scandale (*einen grossen Unfug*) en disant qu'à Paris on pousserait le cri de : *Vive la France !* qui est qualifié par la loi de séditieux. »

Nous aurions voulu voir la figure du boulanger de Cernay, si, en sortant de faire sa peine, il lui était tombé sous les yeux un journal par lequel il eût appris que les peintres français fraternisaient avec ceux qui n'admettent même point qu'on puisse crier Vive la France ! en France.

On objectera que madame Judic a joué dernièrement la *Roussotte* à Hambourg, que M. Alphouse Daudet a écrit une lettre flatteuse au directeur du Théâtre de la Résidence, à Berlin, à la suite de la première représentation de la *Lutte pour la vie* sur cette scène ; que M. Victorien Sardou, malgré tout ce qu'il a pu dire, n'a pas été trop fâché de l'apparition de *Thermidor* dans une ville où il compte déjà de nombreux... et fructueux succès. Mais ce sont là des manifestations isolées, qui n'engagent pas plus une nation que le séjour, à Berlin, d'un voyageur, pour son commerce, d'un savant, pour ses recherches, historiques ou scientifiques, d'un écrivain, pour ses études de mœurs et ses observations marquées au coin du désir de connaître à fond un pays où il y a beaucoup à prendre, et dont on parle trop souvent en dehors de toute connaissance de cause. Les peintres, légion, et légion sympathique, c'était autre chose !

Quant à l'incident parisien, qui accompagna les démarches faites auprès de nos artistes, il n'a point causé chez les Allemands tout l'émoi qu'on s'est figuré. Sauf les aboiements de la *Gazette de Cologne* et de quelques autres sauriens, la presse germanique a, en général, laissé dans ses vraies proportions le séjour de l'impératrice Frédéric à Paris. Si l'empereur s'est, à cette occasion, montré d'une exaltation qui a été jusqu'à donner des craintes sérieuses dans son entourage, le public est, de son côté, demeuré très calme. On a très bien compris que la veuve de Frédéric III n'avait jamais été insultée à Paris, et qu'elle ne le serait point. Le séjour de la reine d'Angleterre à Grasse a fini de dessiller les yeux les plus prévenus... Tout est bien qui finit bien ; mais qu'on ne nous parle plus de peinture, tant que les boulangers de Cernay ne pourront deviser de la France, en liberté.

La haine de l'empereur contre Henri Heine.
Guillaume écrivain.
Les auteurs français à l'index.
Interdiction de feuilles parisiennes.
Journaux et journalistes allemands.

S'il retouche des vers de Schiller, l'empereur Guillaume ne fait en cela qu'imiter son ancêtre le grand Frédéric, qui, la veille d'une bataille, s'amusait à refaire une ode de Jean-Baptiste Rousseau. Rime-t-il pour son compte ? La chose est fort probable ; car tout le monde versifie plus ou moins dans la patrie de Gœthe, — nous n'oserions écrire de Heine, parce que l'auteur des *Reisebilder* n'est guère en odeur de sainteté chez Guillaume II.

Toutes les poursuites sont bonnes pour ce grand humoriste. Il y a quelques semaines, un journaliste berlinois encourait six semaines de prison pour avoir reproduit un chant des *Lamentations;* hier le tribunal de Cobourg condamnait le rédacteur du *Thuringer Volksfreund* à trois mois de la même peine, *pour sacrilège*, parce qu'il avait publié la *Chanson des Tisserands;* enfin, l'empereur a formellement défendu qu'on élevât à Henri Heine une statue pour laquelle circulaient des listes de souscriptions, en tête desquelles figurait l'impératrice d'Autriche, et qui devait décorer l'une des places publiques de Dusseldorf, patrie du poète.

Il est vrai que nombre de prosateurs ne sont guère mieux traités par Guillaume II, bien qu'il soit un peu leur collègue, puisqu'il s'occupe en ce moment d'écrire une vie de Guillaume Ier, en collaboration avec le conseiller Hintzpeter. Les seuls que Sa Majesté tolère sont ceux qui chantent les louanges de l'empire et vantent les innovations actuelles. Quant aux œuvres étrangères, aux œuvres françaises surtout, elles viennent d'être mises à l'index, sans merci. Le ministre de l'intérieur, M. de Herrfurt, a prévenu tous les journaux subventionnés par le bureau de la presse qu'il leur serait interdit, à l'avenir, de publier des traductions de romans et de nouvelles signés d'écrivains français, l'empereur ayant jugé que ces publications, dans les organes officiels de la Prusse, portaient atteinte au patriotisme et à la pudeur allemande.

La poursuite de plusieurs journaux parisiens a suivi de près cette mesure : M. de Tausch, directeur du bureau de la presse, vient, en effet, de présenter au chancelier Caprivi un rapport concluant à l'interdiction en Allemagne de la *Lanterne*, de l'*Écho de Paris* et du *Gil Blas*, sous prétexte que des exemplaires de ces feuilles avaient été trouvés sur des élèves de gymnases ou de lycées... Justement, le *Gil Blas* venait de publier de grandes annonces en français dans les journaux de Berlin, pour recommander aux Allemands son roman en cours de publication : *Dette de haine*, par M. Georges Ohnet ; mais cet avis n'a pu désarmer l'exécuteur des volontés impériales.

A vrai dire, les journaux, et surtout les journalistes allemands, ne jouissent pas d'un plus grand crédit auprès de Guillaume II que les gazettes et les gazetiers étrangers. On sait qu'il appelle nos confrères, ses compatriotes, les *candidats de la faim*, et jamais il ne manque l'occasion de flétrir les « Océans d'encre d'imprimerie », qui, débordant, répandent la mauvaise parole dans ses États.

Est-ce à dire que l'empereur ne lise pas de journaux ? Il en lit, au contraire, et des plus opposants. On peut voir chaque matin un laquais de la cour traverser la place du Château pour acheter au kiosque les feuilles dont on lui a remis la liste et qui sont généralement les principaux organes du parti socialiste. On assure aussi que l'*Alsacien-Lorrain* n'a pas de plus fervent lecteur que Guillaume II... Que n'écoute-t il, même de loin, les réclamations et les avertissements de ce patriotique journal ? Tout le monde y gagnerait. Mais que peut-on espérer du chef d'une nation où une feuille bien pensante, la *Badische Landeszeitung*, a pu dire, à propos d'un redoublement de sévérité dans l'application de la mesure des passeports : « C'est là une bonne nouvelle qui sera accueillie avec joie dans toute l'Allemagne. »

Pour les journalistes, leur situation a paru s'améliorer pendant un moment. Le comte Stolberg-Wernigerode, grand-chambellan, a même écrit au président du cercle de la presse berlinoise pour lui demander une liste des rédacteurs de journaux qui pourraient être admis aux fêtes de la cour. Mais là s'est bornée la munificence impériale.

Bien plus, cette avance a eu son contre-coup dans les persécutions dont plusieurs journalistes ont été l'objet. On a pu voir un rédacteur de la *Gazette des*

9.

travailleurs westphaliens amené à l'audience pour s'entendre condamner à un supplément de peine, en costume de la prison, tondu de près et les mains attachées derrière le dos ; un collaborateur de la *Feuille populaire de Kœnigsberg* a été conduit à une prison éloignée, entre deux gendarmes, à pied et à petites journées, les poucettes aux mains ; enfin, la presse allemande a retenti des doléances d'un M. Boshart, du *Tageblatt de Gotha,* qui a fait sa peine dans un établissement où l'on faisait l'élevage des cochons avec la nourriture dont les prisonniers ne voulaient pas.

Et l'on se plaint de Sainte-Pélagie !

Bébé. — L'empereur chez lui.
Le chocolat matinal. — Un groupe sympathique.
Le petit grenadier.

Dans son intérieur, Guillaume II abdique de sa tourbillonnante activité. Tout le monde s'accorde à lui reconnaître d'exceptionnelles vertus domestiques, et notre *Revue* n'a pas tort en nous le montrant soignant Bébé *lui-même.*

Bébé, c'est le petit dernier, qu'on a baptisé

Joachim-Humbert, des prénoms du pape et du roi d'Italie, ce qui n'a dû plaire ni à l'un ni à l'autre. Lorsqu'il vint au monde, l'empereur dit au professeur Olshausen, qui avait assisté l'impératrice : — L'année 1890 m'aura été favorable : le ciel m'a donné un territoire, Helgoland, et un fils... Puis il ajouta : — Notre famille des Hohenzollern doit à la nation allemande l'exemple de toutes les vertus, mais elle doit surtout lui rappeler le culte de la famille et de la vie de famille.

Cette vie de famille est murée ; mais ce que l'on en sait est tout à la louange du couple impérial. Un journal parisien, qui n'est pourtant pas tendre aux Allemands, nous a tracé cette petite scène intime qui est tout bonnement charmante :

« Quand, à six heures, dans le froid du matin qui pâlit aux fenêtres engivrées des croisées, l'empereur se lève et procède à sa toilette, c'est l'impératrice elle-même qui, vêtue d'un simple mantelet blanc, un petit bonnet de ménagère sur la tête, lui prépare son chocolat sur une lampe à esprit-de-vin. Et tous deux, comme deux bourgeois poméraniens, s'attablent à un guéridon devant leurs bols fumants, cassant un pain au lait et se plaignant du froid qui leur bleuit les doigts. »

Le Cabinet-Castan, qui est le musée Grévin des Berlinois, nous montre un pendant à cette idylle :

l'impératrice, un ouvrage de tapisserie sur les genoux, caresse les aînés; les suivants grimpent au pantalon de leur père, s'efforcent d'atteindre à la dragonne de son épée, tandis que de ses deux mains levées en l'air il fait sauter Bébé, en jupons et en petit bonnet blanc.

Bébé deviendra grand, — grand comme ses grands frères, dont l'aîné est maintenant un homme, premier soldat aux grenadiers de la garde, cavalier émérite, prêt à faire campagne quand on voudra, et montrant déjà de grandes dispositions pour morigéner les gens et leur faire sentir sa haute supériorité.

Le prêche de l'empereur.
Une querelle renouvelée du « Lutrin ».
Les dettes de l'empereur.
Il est défendu de le regarder à l'église.
Un mot du grand Frédéric.

Depuis son discours de Kœnigsberg, Guillaume II ne cesse de célébrer Dieu, dont les Hohenzollern tiennent leur couronne, et à qui seul il doit compte de ses actions.

Dans ces conditions, il n'est pas étonnant qu'il s'occupe tout particulièrement des intérêts religieux. S'il ne monte pas en chaire à Berlin, il saisit toutes les occasions de se transformer en pasteur. A bord de son yacht, quand il est en mer, il lit les prières et prononce un sermon devant l'équipage assemblé. Cette allocution est courte, suivant ses idées, qu'il a récemment mises au jour en ordonnant aux prédicateurs de son empire de ne point parler pendant plus d'un quart d'heure ; — la Revue anglaise avait raison de dire : « Le prédicateur de la cour trop lent... »

Pour ce dernier, on s'est beaucoup chamaillé cette année La place de prédicateur principal, occupée par le pasteur Kœgel, étant devenue vacante, le pasteur Stœcker, bien connu par sa campagne antisémitique, la demanda ; mais ce fut un de ses collègues, le pasteur Dryander, qui l'obtint, et cela parce que le pasteur Dryander a tenu le prêche à Bonn, au temps où l'empereur y était étudiant. De là, grande colère de l'ancien féal, de l'ancienne marionnette de Bismarck. Déjà le banquier juif Bleischrœder avait demandé l'éloignement de Stœcker, en proposant à l'empereur de mettre sept millions de marks à sa disposition pour le règlement de petits comptes de jeunesse. Mais Guillaume II avait refusé ce marché, qu'on lui mettait trop ostensiblement à la main. Il défendit même à Bleischrœder de reparaître à la cour, ayant trouvé de l'argent sur la double garantie de l'impératrice, sa femme, et de son frère, le prince Henri. Stœcker resta donc en place, mais comme l'empereur l'avait pris en haine à cause de ses attaches avec l'ermite de Friedrichsruhe, il imagina la nomination Dryander, ce qui le força bien à démissionner.

Le pauvre homme se consola de sa disgrâce dans une maison de la rue de Kœnigsgraetz, qu'il a payée 90,000 marks comptant, et d'où rayonne sa propagande malsaine, en attendant que ses ouailles de Berlin lui aient fait construire un temple, pour lequel on déjà réuni 300,000 marks. La dernière fois qu'il prit la parole à la cathédrale, la loge impériale demeura vide. Par contre, le dimanche suivant, pour le début de son successeur, le superintendant Kritzinger, la cour était au grand complet.

L'empereur fut même ce jour-là l'objet d'une telle attention, de la part des fidèles, qu'en rentrant au palais, son premier soin fut de dicter un ordre de cabinet par lequel défense était faite au public de regarder du côté de Leurs Majestés pendant le service divin.

La pièce se terminait par ces mots : « ... Ceux qui veulent voir l'empereur en ont suffisamment l'occasion, Sa Majesté se promenant chaque jour au

Thiergarten, où Elle répond à tous les saluts qui Lui sont adressés. »

Dans tous les débats religieux, Guillaume II se croit tenu d'intervenir, au même degré que dans l'affaire Stœcker. Depuis la retraite qu'il a faite à la Wartburg, où Luther jeta son encrier à la tête du diable, il ne parle que par le Nouveau Testament. Pour l'Ancien, il partage, à n'en pas douter, à son endroit, les idées de son ancêtre le grand Frédéric, qui répondait à un de ses familiers, auquel une citation de Moïse était échappée :

— Moïse menait les Juifs comme il voulait, et moi, mes Prussiens, comme je l'entends!

CHAPITRE X

RÉFORMES SCOLAIRES

Les discours de l'empereur. — Sus au français.
Pris dans son propre filet.
Un député plus royaliste que le roi.
Bismarck n'aime pas les caractères latins.

Notre *Revue* n'a pas mentionné l'intrusion de
l'empereur dans les débats scolaires. C'est un ou-
bli ; car nulle question n'a plus occupé, pendant
un moment, l'ancien écolier de Cassel.

Il a parlé d'abondance, et à plusieurs reprises,
au Congrès d'enquête réuni à Berlin pour préparer
une réforme radicale dans l'enseignement. On se
rappelle sa phrase de début, dans laquelle il

regrettait que l'assemblée eût pris pour étiquette un mot composé du français : *Schulenquète* (enquête scolaire), tandis que l'expression allemande *Schulfrage* (question scolaire) eût bien mieux résonné.

L'empereur Guillaume aime, on le sait, à faire la guerre à la langue française partout où il la trouve, — et il la trouve plus souvent qu'il ne le voudrait, non seulement chez les autres, mais encore chez lui. Ce discours même, où figurait ce reproche, se contredisait par la quantité de termes français qui l'émaillaient. Dans un seul paragraphe, nous avons relevé : *Form*, pour *forme*, dont la traduction allemande est *Gestalt*; *zirkuliren*, que l'empereur aurait dû prononcer *umlaufen*; *Schulhygiène*, en allemand *Schul diaetetik*; *Lehrmethode*, pour *Lehrweise*; *Organisation*, pour *Einrichtung*; *Kontrôle*, pour *Aufsicht*; *Revision*, au lieu de *Durchsicht*; *informiren*, à la place de *erkundigen*; *Nation*, où l'on n'a qu'à choisir entre *Land*, *Volk* et trente-six autres mots : *System*, pour lequel les Allemands ont *Lehrgebaüde*, *Génération-Gechlecht*, *Basis-Grund*, *Tendenz-Richtung*, etc...

Comme on voit, le français est une langue de Nessus, dont on ne se débarrasse pas facilement. Le député Bohtz, au Parlement prussien, en a pu faire l'expérience dans une séance où il avait demandé qu'on rectifiât dans un compte rendu le mot *absolut*, qu'il n'avait certainement pas pronorcé, attendu qu'il avait souci d'... *eliminiren* tous les mots français de son langage. — Au mot *eliminiren*, grande hilarité dans l'assemblée!... « Oui, reprend l'orateur, le mot *absolut*, que j'ai dû certainement articuler *unbedingt*, se rapportait à des faits qu'il convient de mettre en *pratik...* » Nouvelles exclamations!... « Riez, messieurs, riez ! Il n'en est pas moins vrai que si vous n'adoptez pas mes vues, vous en subirez la triste *Konsequenz* »... Pour le coup, la maison se tord ; on lance tout un dictionnaire françis à la tête de l'infortuné Bohtz ; et la séance est levée au milieu d'une joie fébrile.

Ah ! cette langue française, que de pantalonnades en son nom ! Ses caractères même, si fermes et si lisibles, sont mis à l'index. On les a vu bannis des *menus* de la table impériale. Mais, en son temps, Bismarck a fait mieux. Un jour, il fit écrire par son secrétaire :

J'ai l'honneur, au nom du prince Bismarck, de remercier le Conseil municipal de la ville royale de Berlin pour l'envoi de la brochure relative à la cinquante-neuvième réunion des médecins et naturalistes allemands.

Son Altesse regrette cependant de ne pas pouvoir en prendre connaissance, ses principes lui défendant de lire un texte allemand imprimé en caractères latins.

Grand émoi chez les magistrats de Berlin!... mais qui ne tarda à se changer en hilarité, lorsqu'on s'aperçut que l'en-tête de la lettre portait *en caractères latins* l'indication du *Cabinet de la Chancellerie.*

Mais revenons aux écoles.

Un professeur malmené par son ancien élève.
L'allemand et le français.
Un mot de l'empereur Maximilien.
Le philistin Guillaume. — *Toujours* : L'ÉTAT, C'EST MOI!

Les points principaux des discours impériaux ont visé le surmenage, l'épuration de la langue allemande, l'histoire d'Allemagne à moderniser, les idiomes actuels à vivifier, les langues mortes à remiser. Puis est venue la question religieuse, sur laquelle Sa Majesté ne transige pas, et qui doit, suivant lui, primer toutes les autres dans l'éducation.

Ce qui concerne les deux premiers points nous est connu. Pour l'histoire, qui a été fort malmenée par l'empereur, nous aurions voulu voir, pendant l'allocution impériale, la figure du professeur Hartwig, membre du Congrès, qui enseigna jadis, à Cassel, les hauts faits des Grecs et des Romains à l'élève Guillaume. Les personnalités pleuvaient dru sur le pauvre homme ; c'était une petite vengeance d'écolier. Plus significative était l'absence du docteur Voigt, ancien directeur du gymnase de Cassel, rayé de la main même du souverain sur la liste des membres du Congrès. Là, c'était la disgrâce complète et la revanche des *pensums*.

Les langues vivantes ont toujours eu quelque attrait pour l'empereur, mais au point de vue politique seulement, car il n'a de plaisir à s'exprimer qu'en allemand. Il donne même un mordant très particulier à sa langue maternelle, qu'il manie sans grand souci du qu'en-dira-t-on, mêlant son style d'expressions et d'images populaires, souvent assez pittoresques. Pour le français, il le parle très couramment, ainsi que l'anglais. En vue de son voyage en Russie, il avait appris le russe. Seul, l'italien lui manque, ce qui rend ses conversations assez difficiles avec le roi Humbert, qui ne sait pas l'allemand. Heureusement, le français est là, le français maudit, dont on ne peut se passer. Déjà, les petits princes connaissent les beautés de Noël et Chapsal ; c'est un Suisse qui les leur enseigne. Sur l'allemand, ils sont ferrés, et en général leur éducation est soignée. Guillaume II pense, à leur endroit, comme l'empereur Maximilien Ier, qui avait coutume de dire : « Je puis faire des chevaliers, mais non des docteurs. Mon fils étudiera : ce n'est pas malin de laisser pendre ses deux jambes aux côtés d'un cheval ; il a tout le temps d'apprendre cela. »

Les fils de Guillaume II étudieront donc ; ils iront à l'Université comme leur père, celui-ci l'a solennellement annoncé au *Commers* des étudiants, qu'il a présidé, lors de son dernier passage à Bonn.

Et à ce propos, il faut croire que l'empereur a conservé meilleur souvenir de cette ville que de Cassel ; car on l'a vu, pendant toute une journée et une nuit, faire joyeusement raison à ses anciens compagnons. Il se promenait en ville, en bourgeois, avec les rubans et la casquette du corps des Borussiens, dont il a fait partie. Pour un peu, il serait allé en découdre sur le pré, pour mettre en application ses idées favorables aux duels à la rapière, qu'il a vantés, et même exaltés, dans un toast aux philistins, compagnons et renards réunis pour le fêter.

A lire ce toast, on ne se douterait guère que celui qui le prononçait s'était, peu de temps auparavant, élevé contre les langues mortes. Les phrases, les citations latines s'y égrenaient hármonieusement. Il est vrai qu'aussitôt après le congrès scolaire, d'où ces foudres étaient sorties, l'empereur, remerciant le ministre Gossler, lui avait envoyé son portrait, avec ces mots : *Sic volo, sic jubeo...*

On a, dans le moment, remarqué les trois points qui suivaient ces quatre mots. Il y avait dans l'esprit de l'empereur une réticence, qui s'est expliquée depuis par la disgrâce du même M. de Gossler. Ce personnage n'était point suffisamment imprégné de la ferveur religieuse que son maître, *summus episcopus*, veut inculquer aux écoliers de tous âges et de tous rangs ; il a dû céder sa place au comte de Zedlitz-Trutzschler, capitaine en retraite et théologien convaincu. La Bible et le glaive : tel est maintenant le programme des études en Allemagne.

La retraite d'un maître d'école allemand.
Réformes à l'horizon
Le triomphe de la schlague.
Une punition renouvelée des MYSTÈRES DE PARIS.

On s'est également occupé du sort des professeurs au congrès scolaire de Berlin. Les maîtres d'école ont été tout particulièrement l'objet des préoccupations de l'assemblée. C'était justice, car leur sort fait souvent pitié. On a conté l'histoire d'un pauvre diable de régent qui dépasse tout ce qu'on peut imaginer dans l'espèce.

A l'âge de 68 ans, après 27 ans de service, le maître d'école Handorf, de Strieten, fut mis à la retraite. On lui donna un petit logement, une vache, un peu de linge et deux sacs de pommes de terre, en lui assurant pour l'avenir, mais bien mesurés, le chauffage et le seigle pour son pain, — puis, débrouille-toi! Pour tout argent, le malheureux n'a que celui qu'il peut gagner en faisant des corvées. Il aide les cantonniers, et reçoit de ce fait 62 pfennigs (quinze sous) par jour. Encore lui fait-on souvent des retenues sur ce maigre salaire. L'inspecteur est un de ses anciens élèves et se plaît à lui faire sentir sa haute supériorité : ce sont des reproches et des menaces sans fin, lorsque le pauvre homme va, tous les quinze jours, toucher à la ville son pauvre pécule. Ce vieux serviteur a maintenant 80 ans, et son sort n'a pas changé.

C'est sur cet exemple que le Landtag prussien a mis à l'étude un projet de loi, qui, d'après l'indication manuscrite de l'empereur, « a pour but de réaliser définitivement la gratuité de l'instruction primaire et de procurer aux instituteurs une situation locale plus fixe et un traitement plus convenable. »

Un autre article vise les punitions corporelles, qu'on voudrait abolir, ce qui ne sera pas facile, la schlague ayant de nombreux partisans en Allemagne.

Quelquefois même la peine va jusqu'au supplice. Un maître d'école, qui cumule avec son mandat la profession de dentiste, ne punit pas autrement ses élèves qu'en leur arrachant de une à trois dents, suivant la gravité du méfait. Cité devant un tribunal, sous l'inculpation de mauvais traitements et de blessures volontaires, il a déclaré qu'il ne leur avait arraché que des dents de lait ou des dents creuses. On a nommé des arbitres. Ils ont constaté qu'il manquait aux uns des incisives, à d'autres des canines, ou des molaires; mais ils ont ajouté que ces opérations n'avaient eu aucune influence mauvaise sur la santé des enfants, et que même souvent elles avaient eu de bons effets.

Sur un tel rapport, il ne restait aux juges qu'à prononcer l'acquittement de l'aimable praticien. C'est ce qu'ils ont fait.

Peut-être même lui ont-ils voté des félicitations.

CHAPITRE XI

LES ANCIENS ET LES NOUVEAUX

*Un dîner décommandé. — L'homme des chemins de fer.
Le vrai motif du départ de M. de Waldersée.
Du danger d'être l'ami d'un grand homme.
L'empereur, ministre de la guerre.*

Nous avons déjà signalé bien des disgrâces, bien des chutes depuis la première de toutes, et la plus retentissante, celle de Bismarck. Loin de s'arrêter, les exécutions se multiplient. Les ministres et les fonctionnaires, comme les généraux et les simples lieutenants, ne sont jamais sûrs de coucher dans leur lit, le soir. C'est chaque jour un nouveau massacre des innocents.

L'un des derniers a été celui de M. de Gessler,

dont nous avons déjà parlé. Ce personnage semblait indéracinable. Il s'attendait si peu à ce qui lui est arrivé qu'il devait donner un dîner officiel le jour même où il recevait la lettre bleue qui, dans l'Allemagne actuelle, représente le cordon de soie du shah de Perse. Dans son dépit, M. de Gossler fit éteindre ses fourneaux et se mit à sa fenêtre, autant pour guetter la venue de son successeur que pour jouir de la mine déconfite de ses invités.

Si la surprise de M. de Gossler fut grande, celle de son collègue aux chemins de fer fut excessive. M. de Maybach était l'incarnation des lignes allemandes. Ancien directeur de réseaux importants, il occupait son ministère depuis 1874. De concert avec Bismarck, il avait complété le rachat des lignes provinciales ou autres, pour placer tout l'ensemble des voies ferrées dans la main du pouvoir, ce qui donne actuellement à l'État la haute direction sur 41,000 kilomètres de chemins de fer.

M. de Maybach était fort estimé dans le monde officiel et commercial; par contre, il était détesté de tout son personnel, ce qui est fort explicable, car il descendait jusqu'aux moindres minuties du service, criblant tout son monde de reproches et d'amendes, faisant ses inspections lui-même, et poussant le culte de l'autocratie jusqu'à défendre aux buffetiers de tenir des journaux libéraux.

Cette circonstance, qui aurait dû le servir en haut lieu, n'a pu le soustraire au souffle de la disgrâce. On a prétendu qu'il prenait sa retraite pour raison d'âge et de santé; la vérité, c'est que les bénéfices des chemins de fer pour l'exercice 1890 ont été inférieurs de 50 à 60 millions sur les prévisions qu'il avait indiquées.

Mais qu'est-ce que ces exécutions d'habits noirs, à côté de celles qui ont frappé les uniformes! Au ministère de la guerre seulement, trois changements, et autant au grand État-Major! Où est le temps où les ministres étaient regardés comme à peu près inamovibles en Allemagne, et cela même à l'époque où Bismarck jonglait agréablement avec eux?

Après la disgrâce du chancelier c'est bien certainement le différend du général Waldersee qui a le plus impressionné le public; non que cet officier ait jamais été bien populaire, mais parce qu'on le savait l'élève préféré de de Moltke et que sa faveur auprès de Guillaume II avait souvent fait croire que la succession du chancelier lui était réservée. Bismarck lui-même le craignait, et ses démêlés avec lui sont demeurés légendaires.

La démission du général n'a pas été aussi spontanée qu'on pourrait le croire : Dès le 20 mars 1890, jour de la retraite de Bismarck, une agence annonçait que les rapports du souverain et de son chef du grand état-major étaient fort tendus; on savait qu'une discussion s'était élevée entre eux au conseil militaire, à propos du service de deux ans; enfin, on laissait entrevoir que le général, parti subitement pour la Silésie, pourrait bien ne pas revenir avant six mois à Berlin. Le 26 septembre de la même année, nouveau départ pour la Silésie, suivi d'une dépêche affirmant que cette fois, le congé du général était définitif et qu'il donnerait avant peu sa démission de chef du grand état-major, pour raisons de santé.

Cette version, qui fit le tour de la presse allemande, fut très commentée. Aux premières allégations, on joignit des considérations diverses. Aussitôt, le comte Waldersee de prendre la plume et d'adresser à la *Gazette Nationale* une lettre où il était dit : « Je sers Sa Majesté l'empereur et roi comme soldat, et ne suis pas un homme de parti. » Cette phrase ne laissa de doute à personne : où il y avait de la fumée, il y avait eu du feu. Cependant on était loin de s'attendre au remplacement de celui dont de Moltke, répétant le mot du grand Frédéric à l'endroit de son neveu, qui lui succéda, disait : « Ce jeune homme me recommencera. »

L'éclat se produisit pourtant, quelques mois plus tard, mais entouré de tant de bons procédés qu'il était impossible d'y voir une rupture. L'empereur embrassa, très ému, son fidèle général, avant son départ, et lui mit au cou le collier de l'ordre de sa maison. Alors, on chercha le motif véritable de cette séparation : d'aucuns pensèrent qu'elle résultait d'un différend qui se serait élevé entre Waldersee et de Caprivi, à propos du rappel du sieur de Hoiningen, dit de Huehne, attaché militaire à l'ambassade de Paris, démissionnaire de l'État-Major de l'empereur, et maintenant relégué à Fribourg-en-Brisgau ; d'autres, plus observateurs, ont pensé que le général avait joué sa position le jour où il avait assez vertement critiqué le commandement de Guillaume II aux manœuvres de Silésie; enfin, — et ceux-là sont peut-être le plus près de la vérité, — nombre de gens ont pensé que cette pseudo-disgrâce n'était qu'apparente et que l'empereur l'avait imaginée pour donner le change à la Russie.

Les journaux russes ont souvent reproduit cette version ; d'autant que Bismarck, pour faire pièce au grand ami de son impérial persécuteur, n'a pas manqué de faire passer cette note dans ses *Nouvelles de Hambourg* :

« Personne n'ignore ici que le général de Waldersee est un ennemi personnel de tout ce qui est russe. Fort de ses talents militaires, le chef d'état-major de l'armée allemande a toujours poussé l'empereur Guillaume à faire la guerre à la Russie. »

La feuille bismarckienne ajoutait que Waldersee avait fait parvenir au Château un long rapport, politique et militaire, dans lequel il démontrait qu'il fallait se hâter de faire la guerre.

Il serait donc fort possible que M. de Waldersee fût, actuellement, mieux en cour que jamais. Il dirigerait de loin, et même de près — les distances sont si courtes, avec les bons chemins de fer de M. de Maybach — le grand état-major, dont son successeur, le général de Schlieffen, s'occupe si peu qu'on n'a pas encore eu l'occasion de le citer, depuis sa nomination... Depuis deux ans, on dit que M. de Waldersee occupera, un jour ou l'autre, la place de statthalter d'Alsace-Lorraine, au lieu de de M. de Hohenlohe. Cela viendra, sans doute; à moins qu'on ne l'envoie, suivant les circonstances, sur la frontière de l'Est... Avec lui, le grand état-major sera, de la sorte, aux avant-postes, dès le premier jour.

Entre temps, l'ancien chef, devenu subalterne, se prélasse dans l'apparent far-niente de la direction du 9ᵉ corps, où il a remplacé le général Leczczynski.

Celui-là est également une victime du fatal retour des choses d'ici-bas. On se souvient de sa fortune subite. L'empereur avait été si content de la science stratégique dont il avait fait montre aux grandes manœuvres dans le Schleswig, qu'il fut un instant question de l'appeler aux plus hautes situations militaires de l'empire. On faisait déjà du général Leczczynski un futur ministre de la guerre ou le successeur du général Waldersee à la tête du grand état-major... Un simple petit dîner de famille, où étaient conviés le prince de Bismarck, la princesse et leur fils Herbert, a suffi pour renverser tout cet échafaudage. Cette agape intime avait eu lieu le 9 janvier; peu de jours après, le général était invité à prendre sa retraite, à partir du 1er avril.

Ce jour-là, l'ex-commandant du 9e corps a dû faire de singulières réflexions. On sait que le 1er avril est l'anniversaire de naissance de Bismarck, et le dîner du général n'avait d'autre but que de remercier l'ancien chancelier de l'accueil qu'il lui avait fait à Friedrichsruhe, où il était allé, un an plus tôt, jour pour jour, porter les félicitations de l'empereur.

Quel changement en un an ! Cette fois, il n'y a pas eu de compliments venant du Château. Comme l'a dit l'empereur à son grand-maréchal du palais, le comte Liebenau, « Bismarck est l'ennemi ». Pour avoir entretenu une correspondance avec Friedrichsruhe, ce personnage, qui était un favori de Guillaume II, a été congédié, nous l'avons dit, comme un valet. Décidément il ne fait pas bon d'être l'ami de M. de Bismarck !

Pour le général de Verdy du Vernois, qui a quitté brusquement le ministère de la guerre, où l'avait appelé sa haute valeur militaire, on n'a vu, dans le public, qu'un départ dicté par des considérations professionnelles.

L'empereur est partisan du service de trois ans ; le général pense que la réduction à deux ans, qui sera certainement réalisée, un jour ou l'autre, sous la pression de l'opinion publique, remplit parfaitement le but proposé. D'où, conflit ! Certains, il est vrai, prétendent que le général devenait trop puissant, s'imposait par sa renommée de stratégiste et d'écrivain militaire. Ce qui donnerait raison à ces bruits, c'est que l'empereur a nommé à sa place le général de Kaltenborn, un excellent homme, très jovial de caractère, qui, dans le temps, a eu souvent à sa table le prince Guillaume, qu'il égayait par ses histoires de garnison, mais dont la valeur militaire est ignorée de tout le monde.

Par M. de Kaltenborn, l'empereur tient donc le ministère de la guerre, comme il règne au grand état-major avec le comte Stiehle, comme il gouverne à la grande chancellerie sous le couvert de M. de Caprivi.

Sic vult, sic jubet...

Un marin-cavalier.
Les débuts oratoires de M. de Caprivi.
Le bon M. Crispi.
Les satellites de la triple alliance.

Ce qu'on peut dire de mieux de M. de Caprivi,
c'est qu'il n'a pas d'histoire. Général d'infanterie,
il a été tout à coup bombardé par Guillaume Ier
vice-amiral et ministre de la marine. A cette occasion, plusieurs officiers de la flotte donnèrent même
leur démission. Puis, au commencement du règne
de Guillaume II, pour une divergence de vues, au
point de vue purement administratif, le marin de-
vint cavalier : il commanda le 10e corps d'armée,
en Hanovre ; c'est là qu'est allé le chercher la faveur
impériale.

C'est un homme aimable, ennemi de la phrase,
excellent officier, travailleur, solide comme un roc,
assez modeste, et bienveillant pour tout le monde.
Ce sont là des qualités privées qui dénotent un ci-
toyen accompli. Suffisent-elles pour le rôle auquel
les circonstances l'ont appelé ? Ses débuts au Parlement n'indiquent rien à ce sujet. Le général s'y est

montré correct; on l'a écouté; mais il faut bien dire qu'il n'est intervenu jusqu'ici dans aucune discussion sérieuse. Bismarck a dit dans le temps : « Un chancelier timide, indécis, à l'affût de chaque geste du Parlement, *et n'ayant pas d'opinion personnelle*, n'aurait aucune raison d'être... » La suite prouvera si cette appréciation est juste.

M. de Caprivi ressemble beaucoup au prince de Bismarck, en plus jeune. Cette circonstance ne lui a pas nui dans un moment où *l'homme de fer* emportait les regrets de tout le monde. De plus, il a joué de cette note, en faisant l'éloge de son prédécesseur, lorsqu'il a pris la parole, pour la première fois, à la Chambre haute :

« M. de Bismarck, a-t-il dit, a exercé pendant près de trente ans le pouvoir. Le navire de l'État continuera à marcher dans la bonne voie, dirigé par son empereur, qui est jeune mais expérimenté, et dans lequel nous plaçons notre confiance. Le gouvernement de la Prusse continuera la tâche bénie et glorieuse du prince de Bismarck. »

En finissant, l'orateur exprimait le vœu que le portrait de l'ancien chancelier fût placé dans la salle des séances, « pour servir d'exemple de patriotisme, de fidélité, d'accomplissement du devoir. »

Depuis, M. de Caprivi a bien rabattu de ses courtoisies pour l'homme dont on ose maintenant à peine prononcer le nom ; mais comme il est correct, il ne laisse percer aucun éloignement à son égard. C'est déjà beaucoup pour un chancelier qui, après tout, doit tenir à la sinécure que lui a faite la dévorante activité de son maître.

On a dit que le successeur de Bismarck était marqué pour continuer et cimenter la triple alliance, à cause de son origine à la fois croate, italienne et prussienne. Il est certain qu'il a beaucoup flirté avec M. Crispi ; mais il ne lui pardonnera pas facilement d'avoir dit « qu'il n'était pas aussi fort que Bismarck. » (V. l'entrevue de l'ancien ministre italien avec un rédacteur du *Figaro*.) Aussi, la chute du pauvre homme qui s'est plaint « de porter depuis vingt ans la camisole de force de la maison de Savoie » l'a-t-elle laissé assez froid.

Pour l'empereur Guillaume, l'exécution de ce pître — nous parlons de Crispi — a été un coup d'effroi. Il sentait bien que cet ancien grand ami de Bismarck tombait sur le principe de cette triple alliance, impopulaire partout, et dont Tisza avait été la première victime. En Italie, comme dans le reste de l'Europe, Crispi n'a laissé que des souvenirs sans regrets ; en France, sa disparition n'a inspiré que de la pitié. Nous avons dit autre part ce que nous pensions de ce malheureux, alors qu'il était au pouvoir; maintenant qu'il est à terre, nous nous abstiendrons de toute réflexion nouvelle sur son compte. Ceux qui s'intéresseraient encore à lui liront avec fruit le livre de M. Narjoux, *Francesco Crispi*, qui nous a servi de guide pour une bonne partie des lignes que nous avons consacrées à ce fantoche.

Un autre comparse de la plus grande idée de notre fin de siècle, Jean Bratiano, est mort.

Que la Sainte-Triplice lui soit légère !

CHAPITRE XII

DE MOLTKE

L'auteur de ces lignes se trouvait un soir, vers la mi-janvier de l'année terrible, au Louvre, où siégeait le gouvernement de la Défense nationale. Des aides de camp, des estafettes allaient, venaient, traversaient les salons de l'ancien ministère d'État, où se tenaient des secrétaires de la chancellerie, des rédacteurs de journaux et, comme toujours, des curieux, des désœuvrés en quête d'une nouvelle, à l'affût d'une indiscrétion.

Il était fort tard : les membres du gouvernement, accompagnés de leurs secrétaires, se retiraient l'un après l'autre ; les huissiers, portant encore l'ancienne livrée, commençaient à éteindre les lampes à pétrole qui garnissaient les lustres, et chacun se disposait à regagner son gîte, à travers la neige et les vibrations d'une canonnade endiablée, lorsque M. Lavertujon, l'un des quatre secrétaires du gouvernement, parut à l'embrasure d'une porte. Il jeta un regard circulaire dans le salon, et m'apercevant, il me pria de le suivre dans une pièce voisine où se trouvait un aide de camp du général Trochu, le prince Bibesko.

Ce dernier tenait à la main une lettre de grand format qu'il me tendit en me priant de donner mon avis sur ce qu'elle contenait. C'était une réponse de M. de Moltke au général, qui s'était plaint de ce que les canonniers allemands tiraient sur des monuments protégés par la croix de Genève. Le chef du grand état-major s'excusait de son mieux, mettant ce très regrettable état de choses sur le compte de plusieurs circonstances indépendantes de sa volonté : « ...L'éloignement, concluait-il, — l'éloignement, joint à la brume qui couvre la ville, nous empêche de distinguer nettement les drapeaux blancs à croix rouge ; *mais lorsque les distances se seront rapprochées*, nous prendrons de plus grands ménagements. »

— C'est bien cela, dit le prince ; mais ne pensez-vous pas que M. de Moltke ait pu vouloir dire qu'on rectifierait le tir, lorsque les distances... *visuelles* se seraient rapprochées... par exemple lorsque la brume se serait dissipée?

Une seconde lecture, attentive, ne parvint point à corroborer cette supposition. Evidemment, la phrase était à double sens, mais l'intention exacte de son auteur ne pouvait être mise en doute : ... « lorsque nos batteries se seront rapprochées de vous,... lorsque nous vous tiendrons mieux à notre merci,... lorsque nous pourrons vous bombarder tout à notre aise. »

C'est que M. de Moltke était l'âme du bombardement. Il le prônait depuis le commencement du siège et ne comprenait pas qu'il se trouvât dans l'entourage du roi de Prusse des âmes sensibles pour chercher à dissuader Sa Majesté de cet acte indispensable. Toute l'Allemagne partageait, d'ailleurs, l'impatience de M. de Moltke à cet égard ; d'aucuns, il est vrai, lui reprochaient de ne pas user de son ascendant sur le souverain pour obtenir gain de cause ; et même, un journal de Berlin insinuait que s'il n'activait pas le bombardement, c'est qu'il avait, dans Paris, une fiancée qu'il adorait ; mais le vieil homme de guerre ne prenait garde à ces on-dit : d'après ses habitudes, il suivait son plan avec la ténacité qu'on lui connaît, promenant son imperturbable placidité dans les rues de Versailles. Celui-là seul, — et encore ! — eût surpris un tressaillement sur sa figure, qui l'eût rencontré au moment où, d'une batterie brusquement démasquée, partit, sous ses yeux, le premier coup de canon, dont le projectile, mugissant au-dessus des remparts, alla s'affaler avec un bruit sourd dans la ruche humaine, proche le Val-de-Grâce.

Plus tard, pendant l'armistice, M. de Moltke, visitant le Mont-Valérien, s'approcha de la pièce monstre connue sous le nom de Valérie, qui avait craché ses obus jusque sur la terrasse de Saint-Germain, ce qui lui vaut actuellement le triste honneur de servir à la décoration de la promenade des Tilleuls à Berlin. La culasse de ce Léviathan était enlevée : curieusement, M. de Moltke appliqua son œil à cette ouverture, et par ce télescope improvisé, il jeta un long regard sur la ville immense que tous ces canons, à lui, n'avaient pu réduire. Ceux qui l'entouraient s'attendaient à une réflexion, à un de ces mots qui naissent d'une impression prolongée; mais après une bonne minute, le maréchal, sans un signe, sans un hochement de tête, se releva silencieusement, et continua sa promenade.

Ce n'est point par un côté brillant de sa personne que M. de Moltke a pu s'imposer au monde entier. Son caractère, à l'avenant, n'était pas fait non plus pour lui attirer de bien vives sympathies. Et pour-

tant, nul, depuis un quart de siècle, n'a plus occupé
l'attention publique, si ce n'est M. de Bismarck;
aucun souverain n'eut à ses obsèques un appareil
semblable à celui dont Berlin a été récemment le
théâtre; et jamais bienfaiteur de l'humanité ne fit
répandre un plus grand flot d'encre pour célébrer
son éloge posthume. La France elle-même, géné-
reuse toujours, n'a pas manqué de donner sa note
dans ce concert laudatif. Comme on l'a fort remarqué dans la presse allemande, les journaux français,
même les plus hostiles à l'Allemagne, ont désarmé
devant le cercueil de celui qui avait, avec l'implaca-
bilité d'un inquisiteur, préparé l'anéantissement de
notre patrie.

La haine particulière, la haine continue de
M. de Moltke contre la France, celle qui, à son dernier jour, lui mettait encore le crayon à la main
pour travailler aux plans de défense d'Helgoland et
du canal reliant la mer du Nord à la Baltique, a,
d'après ce qu'on a raconté, son origine dans une
impression de prime jeunesse. Il s'agit de la prise
de Lubeck, où s'était réfugié Blücher, poursuivi, la
baïonnette dans les reins, par les troupes françaises.
On a parlé de sac, de pillage. La vérité, qu'on re-
trouve dans un roman d'Evers, c'est que le jeune
Helmuth de Moltke, âgé de sept ans, aperçut d'une
enêtre le général aux prises avec un parti de hus-

sards français, et qu'il les menaça de son petit poing fermé.

On a beaucoup joué de ce petit poing dans la presse allemande. Mais il est plus probable que la véritable cause de l'irritation de M. de Moltke contre la France réside dans ce fait qu'il a été, lui, le favori de la victoire, vaincu, une fois dans sa vie... par un Français, le général d'Hautpoul, à la bataille de Nisib. Notre compatriote était chef d'état-major d'Ibrahim-Pacha, tandis que de Moltke assistait Hafiz-Pacha, le général turc qui fut, en cette journée, battu par l'armée égyptienne. Les petites causes produisent souvent les grands effets : nous avons eu, dans toutes les circonstances qui ont suivi, l'occasion de nous en apercevoir; car M. de Moltke n'a jamais désarmé contre nous.

C'est surtout en temps de paix que cette haine se manifestait. Alors que Bismarck agitait, de temps à autre, et pour les besoins de son crédit, le spectre français, son collaborateur, celui qu'il vient d'appeler, dans ses compliments de condoléance, son cher, son tendre ami, ne cessait de tisonner dans le foyer, si facile à raviver, du chauvinisme allemand. Lorsqu'il se levait pour parler au Reichstag, où il représentait, depuis sa fondation, le collège de Memel-Heydekrug, on pouvait être sûr que de sa glabre

personne allait sortir le *mane, thecel, phares* de la
patrie en danger. En 1877, alors que la crise de
l'année précédente était depuis longtemps éteinte
et que celle que devait suivre peu après n'était pas
encore signalée, le chef du grand état-major crut
devoir lancer ce brûlot... à double entente toujours :
« Les grands armements de la France nécessiteront
à un moment, de notre part, des mesures *compensa-
trices...* » Plus tard, dans un autre moment d'accal-
mie, le maréchal fit un discours demeuré célèbre,
qui se terminait par ces mots : « La guerre est
sainte, la guerre est nécessaire... » Enfin, on n'a
pas oublié ce cri d'un cœur ulcéré, succédant à un
réquisitoire en règle contre les nations demeurées
en dehors de la triple alliance : « Malheur à celui
qui, dans cette poudre, jettera la première étin-
celle. »

Ceci se passait au mois de mai 1890. Pendant
longtemps, Berlin fut sous l'impression de ce discours perfide, fait de glas et de tocsin. Cependant le
malaise qu'il avait produit se dissipa petit à petit.
Aussi bien, on s'apprêtait à fêter extraordinaire-
ment son auteur, à l'occasion de son quatre-vingt-
dixième anniversaire.

Nous l'avons encore présente à la mémoire, cette
apothéose de la guerre, en la personne de son plus
fervent apôtre. La fête commença par une retraite

aux flambeaux, à laquelle prirent part les étudiants, parés comme pour une mascarade, les corporations de toutes sortes avec leurs bannières et leurs attributs, les orphéons, les gymnastes, les chars allégoriques, en un mot tout l'attirail des cortèges allemands, qui sont les modèles du genre; le tout suivi d'un défilé historique, où figuraient les troupes de tous les temps, depuis les guerriers du Teutowald jusqu'aux gardes du corps de l'impératrice Augusta-Victoria, de création récente. Un groupe représentant *la Science de la guerre*, appuyée sur un lion, terminait ce numéro de haute et lumineuse fantaisie.

Le lendemain, ce fut, du matin au soir, une réception continue. Nouvelle apparition des sociétés chorales, flanquées de musique militaire; — le maréchal, comme presque tous les conquérants, aimait la musique, et surtout, et même exclusivement la musique douce : un jour, comme on l'avait entraîné à l'Opéra, où l'on donnait *Siegfried*, de Wagner, il dit en sortant : — J'aime encore mieux le Reichstag; au moins, on arrive à s'y entendre... quelquefois... On lui joua donc du Mozart et des chorals appropriés à la circonstance, en cette matinée du 10 octobre 1890. Mais soudain la marche de Hohenfriedberg se fait entendre : c'est le bataillon des généraux, avec, à leur tête, en tenue prussienne :

le roi de Saxe, le grand-duc de Bade, le prince-régent de Bavière... tout un peloton de souverains... Maintenant, c'est la marche de Paris, une résurrection de 1815, annonçant l'arrivée des drapeaux de toute l'armée, réunis dans un cortège triomphal... Très décoratif, et très en situation, le paysage qui encadre cette manifestation : l'entrée du *Thiergarten*, avec, au fond, la porte de Brandebourg ; plus près, la colonne de la Victoire, émergeant, toute dorée, de son tambour de mosaïques ; et, s'élevant entre les arbres et la Sprée, l'édifice original du grand état-major, de pierre blanche, garnie d'ornements en terre cuite.

L'empereur, arrivé quelques instants auparavant, se tenait sous la colonnade, en avant du palais. Les drapeaux de la garde parurent les premiers ; ils furent suivis de ceux de l'infanterie ; puis vinrent les étendards de la cavalerie et de l'artillerie... Si l'on considère qu'en Allemagne, chaque bataillon a son drapeau spécial, et que chaque régiment marche précédé de trois ou quatre drapeaux, on peut se faire une idée du déploiement d'aigles arborées en cette circonstance.

Le cortège, après avoir défilé devant l'empereur, s'engouffra dans les bâtiments de l'état-major et se groupa dans le vaste hall du premier étage, où avaient déjà pris place les généraux. Alors, Guillaume II parut, et, s'avançant vers le jubilaire, il lui tint un discours, où il lui parla longuement de sa gloire, à laquelle il associa ceux dont il avait été le compagnon d'armes : Guillaume Ier et le roi de Saxe, présents à cette solennité... De son père, Frédéric III, pas un mot!... Et pourtant, nul n'avait été plus l'admirateur du maréchal que son collègue en grade, l'éphémère empereur, dont on aurait tant voulu supprimer le règne... Un jour, comme Frédéric, alors prince royal, faisait son entrée dans la ville d'Erfurth. au milieu des vivats de la foule, il se leva dans sa voiture et cria : — Mes amis, ce n'est pas moi qu'il faut acclamer, mais de Moltke, qui vient là, derrière.

Après l'armée ce fut le tour des corps constitués, de l'administration, des municipalités, du Reichstag. Toutes ces réceptions étaient très fatigantes ; aussi l'heureux nonogénaire avait-il hâte de se soustraire à cette avalanche de félicitations. Le soir même, on pouvait voir celui qui venait d'être l'objet d'un triomphe renouvelé de l'antiquité, se glisser, un petit sac à la main et un chapeau mou sur la tête, par une petite porte dérobée du palais de l'état-major, pour aller prendre son train, comme un bon bourgeois avide de villégiature, après une journée bien remplie.

Cette tenue modeste, étriquée, souvent pauvre, était celle qui plaisait le mieux au chef de l'armée allemande. Nul n'eut moins que lui l'amour du galon, ce qui peut paraître extraordinaire dans un pays où le galon règne en maître absolu. Sur une place de Cologne, on peut voir, faisant groupe avec la statue de Guillaume Ier, celles de ses collaborateurs, Bismarck et de Moltke; des deux, c'est le premier qui a l'allure d'un reître, prêt à tout pourfendre, tandis que le second, avec sa casquette et sa capote longue, a l'air d'un malade à l'hospice.

D'aucuns ont dit que cette simplicité constituait une pose pour la galerie; d'autres l'ont mise sur le compte d'une avarice poussée à l'extrême; la vérité, c'est que les uns et les autres ont raison. Comme Loyola, de Moltke avait compris la supériorité de la bure sur le brocart; et comme le père Grandet, il pensait qu'on ne saurait trop thésauriser... Un jour, il entre dans une auberge et demande un verre de bière; l'aubergiste avait deux sortes de bières, l'une à 5 pfennigs et l'autre à 10 pfennigs: c'est cette dernière qu'il fit servir au maréchal. M. de Moltke, qui était déjà venu dans cet endroit, vide son verre et pose sur la table une pièce de 10 pfennigs, que le patron fait disparaître dans sa poche, en disant:
— Merci, monsieur le comte... Le maréchal ne souffle mot; mais il revient le lendemain et, de nou-

veau, commande un verre de bière; on lui sert de la même. Après l'avoir bue, il dit à l'aubergiste : — Hier, je vous ai donné 10 pfennigs; maintenant nous sommes quittes. — Mais c'est de la double bière, répliqua vivement l'aubergiste.... — Je ne vous ai pas demandé de double bière, répond M. de Moltke; et il s'en va tranquillement.

Ce dédain de la forme, de l'usage, se retrouvait dans tous ses actes, dans son apparition même. Ses uniformes proprets, sentant la benzine, sont demeurés légendaires. N'en avait-il point, de réserve, depuis son départ de la cour? Les avait-il usés à mener la charrue de Cincinnatus? Le cas est fort possible; car, lui, le soldat par excellence, le numéro 1 des matricules de l'armée, a été, une fois mort, exposé, puis mis en bière, en chemise de nuit et le crâne dépouillé de sa perruque brunette, si populaire... Aux tempes seulement se voyaient de petites houppes blanches, qui donnaient à sa physionomie l'aspect d'un clown endormi... Tel fut l'épilogue d'une vie sereine, pour elle-même, et tragique, pour les autres.

Mais aussi, quels honneurs à cette toilette négligée. Les mêmes torches, les mêmes orphéons, les mêmes drapeaux que l'an passé!... et le même empereur! On a beaucoup félicité Guillaume II d'avoir

conduit le deuil du principal auteur de l'empire allemand; il semblait extraordinaire, à Berlin, de voir
un souverain, un margrave, un empereur, suivre
pendant une demi-heure, le cercueil d'un serviteur
exceptionnel de sa maison;... en Russie, l'on ne se
fût point étonné pour si peu. N'a-t-on pas vu, tout
récemment, le Tzar Alexandre III, entouré de ses
frères, les grands-ducs Wladimir, Alexis, Serge et
Paul, accompagner, à pied, par la neige et la boue,
le convoi de sa nourrice, Catherine Strutton, une
anglaise, morte à l'âge de 82 ans; et cela, du Palais
d'Hiver à l'église anglaise, puis au cimetière, fort
éloigné de la ville? L'impératrice suivait en voiture,
avec les grandes-duchesses : ce fut un deuil tout
simple, tout naturel, un deuil de reconnaissance,
qui n'étonna personne.

Les journaux ont décrit par le menu les funérailles
de M. de Moltke. Nous ne recommencerons pas la
description du cortège, non plus que l'arrivée du
corps à Kreisau, villa bourgeoise, où le maréchal
aimait à se plonger dans ses combinaisons macabres
entre deux canons provenant du siège de Paris, dont
l'un semble menacer un monument élevé à la mémoire des soldats morts pour la patrie, et l'autre
une chapelle garnie de vigne folle, où le maréchal
repose maintenant à côté de sa femme, morte depuis
longtemps.

A travers les barreaux de la grille de ce mausolée, qu'encadrent des cyprès noirs, on aperçoit en monceau les couronnes envoyées de toutes les parties du monde. Il en est venu de tous les coins de l'Allemagne, d'Angleterre, d'Espagne, d'Autriche, — oui, d'Autriche!... Une seule, indiquée par les souvenirs, manque à l'appel : la couronne du Danemark... Le roi Christian n'a pas oublié que le futur héros de Duppel, sujet danois, a eu tout d'abord l'honneur de porter, dans sa patrie, l'épée qu'il devait, dans la suite, tourner contre elle. Quelle autre inscription aurait-il pu placer sur son envoi mortuaire que cette phrase du défunt à son aïeul Frédéric VI, auquel il demandait de le relever de son grade : « Puisse Dieu m'accorder la joie de mettre au service de mon pays et de Votre Majesté l'expérience et les talents que je vais m'efforcer d'acquérir à l'étranger ! »

Il est des paroles malheureuses qui stigmatisent un homme; et celle-là en est une.

La bataille de Sadova racontée par de Moltke.

Un heureux hasard a mis sous nos yeux le récit de la bataille de Sadova sorti de la plume même de celui qui fut le véritable héros de la journée. Voici la traduction de cette page curieuse, destinée par son auteur au professeur Treitchke, pour ses travaux historiques :

« De nombreuses inexactitudes se sont glissées, aussi bien dans les ouvrages militaires que dans les travaux historiques, à propos des origines de la bataille de Kœniggraetz.

« Lorsque Sa Majesté le Roi arriva, le 30 juin, à l'armée de Bohême, le prince royal avait, à la tête de la deuxième armée, déjà forcé les Alpes-frontières silésiennes, et rejeté les corps détachés ennemis de l'autre côté de la Haute-Elbe, après quelques combats heureux. De son côté, le prince Frédéric-Charles, avec la première armée, s'était avancé au-delà de Gitchin. Les deux armées pouvaient, en une marche, se réunir par le milieu.

» L'avantage d'une concentration en Bohême, qui

pouvait s'opposer, par des coups rapides, à la marche de deux armées prussiennes venant, l'une du Nord, l'autre de l'Ouest, disparaissait du moment où ces deux armées se mettaient en contact. Le feld-maréchal Benedeck ne pouvait plus maintenant attaquer l'une sans être pris en flanc par l'autre.

» Je tiens pour le meilleur principe stratégique de réunir, sur le champ de bataille même, deux armées séparées jusque-là. Il entrait donc dans mon plan de campagne de maintenir volontairement la séparation, inévitable jusque-là, des deux armées, et de différer leur jonction jusqu'au moment où l'on tomberait sur le gros de l'armée ennemie. Par la retraite de ses corps avancés, il était probable qu'il se trouvait derrière l'Elbe, faisant front à ce fleuve difficile à franchir, et s'appuyant sur deux forteresses, Josephstadt et Kœniggraetz.

» Si la seconde armée faisait sa jonction sur la rive droite de l'Elbe, ce qui lui était facile, toutes nos forces se trouvaient rassemblées sur une seule ligne, de Kœniginhof à Smidar. Restait l'attaque de front sur une position formidable, à moins de tourner le champ d'action par une marche de flanc sur Pardubitz, en présence de l'ennemi, qui pouvait fort bien l'interrompre par une attaque générale et même compromettre nos communications avec la Silésie.

» Sans la jonction, le prince Frédéric-Charles de-
meurait seul en présence des Autrichiens ; mais le
prince royal, qui se trouvait déjà sur la rive gauche
de l'Elbe, pouvait s'emparer, de flanc, d'une position qui, sans son aide, paraissait à peu près im-
prenable de front. Pour connaître les difficultés que
pouvait lui préparer l'Aupa, une reconnaissance fut
opérée sur Josephstadt.

» Il s'agissait de prendre au plus tôt une résolution décisive, lourde pour celui qui, seul, en devait
porter la responsabilité ; car il n'a pas été tenu, à
proprement parler, de conseil de guerre *pendant
cette campagne comme pendant la suivante.*

» J'ai le bonheur d'avoir un sommeil réconfor-
tant, qui me fait oublier les soucis du jour écoulé
et me prépare des forces pour le lendemain. Le
2 juillet, vers onze heures du soir, comme je venais
de me coucher, le général de Voigts-Rhetz entra
subitement dans ma chambre. Il y avait eu dans la
journée plusieurs reconnaissances de la première
armée, qui, sur le tard, avaient établi sûrement que
l'armée autrichienne, en tous cas la plus grande
partie, n'était point derrière l'Elbe, mais bien en
avant, sur la Bistritz. Dans ces conditions, le prince
Frédéric-Charles avait ordonné une concentration
de ses troupes, tout en envoyant, avec ces importantes nouvelles, son chef d'état-major au quartier

général, à Gitschin, où l'empereur me l'adressa.

» Maintenant il n'y avait plus de doute sur ce qui restait à faire.

» Je me rendis en toute hâte chez l'empereur qui avait pris logis en face de moi, de l'autre côté de la place du Marché; je fus introduit aussitôt auprès de lui; il était seul, couché sur son lit de camp. Peu de mots suffirent pour apprécier l'avantage d'une situation dont il était urgent de profiter, avant que les Autrichiens se fussent retirés derrière l'Elbe. Sa Majesté prit aussitôt la résolution d'attaquer à la première heure l'ennemi sur tous les points. Les ordres du prince Frédéric-Charles concordaient absolument avec cette décision; il ne restait plus qu'à prévenir le prince royal qui avait maintenant pris position au flanc de l'ennemi, mais qui avait encore à faire une marche de deux milles pour le joindre.

» Dans mon quartier, où m'attendaient le général Podbielski et le comte Wartensleben, les ordres furent rédigés aussitôt; à minuit ils étaient expédiés en double par deux chemins différents, à Kœniginhof, tandis que le général de Voigts-Rhetz repartait pour notifier la décision du roi au prince Frédéric-Charles.

» A quatre heures, je me dirigeai, avec mes deux officiers précités, vers Horitz, où nous montâmes sur des chevaux envoyés à l'avance. C'était une ma-

tinée sombre et pluvieuse; les troupes, en marche
dans la nuit, avaient fait une pénible étape; cependant toute l'armée se trouvait réunie vers sept
heures. Les premiers coups tombèrent sur l'aile
droite; mais bientôt toute la ligne fut en feu, sur le
parcours d'un mille, de Nechanitz à Sadova. Il était
maintenant certain que nous avions devant nous
toute l'armée autrichienne. Le roi était arrivé vers
huit heures sur le *Rozkos-Berg*, devant Sadova, où
il reçut le rapport du prince Frédéric-Charles. Plusieurs hauts personnages, y compris le comte de
Bismarck, se joignirent à l'état-major de Sa Majesté,
qui forma bientôt un groupe assez considérable
pour attirer l'attention de l'ennemi qui nous envoya
quelques obus.

» Il entrait maintenant dans le plan de bataille
de ne pas faire donner l'offensive à la première armée, mais de se borner à occuper et à retenir l'ennemi sur toute sa ligne, jusqu'à l'arrivée de la seconde armée. Jusque-là, l'on devait se borner à
s'emparer de la Bistritz, avec les villages et les bois
qui la bordent, pour parer à une attaque possible
de l'ennemi, et en tout cas se préparer un passage
facile pour la suite. Entre temps, les heures se passaient sans que la ligne de combat variât sensiblement.

» *On a cherché à présenter cette journée comme si*

la bataille, à moitié perdue, avait été sauvée par l'apparition imprévue du prince royal. Sur aucun point, les Autrichiens n'ont traversé la Bistritz; nous nous étions emparés de la plupart des villages; et la seconde armée avait reçu l'ordre d'avancer. Mais, à cause de la distance, on ne pouvait compter sur son arrivée que pour midi. Naturellement, beaucoup de regards se portaient impatiemment dans la direction où l'on attendait le prince royal, mais il n'existait aucune raison de crainte. Le roi m'ayant demandé, dans la conversation simplement, ce que je pensais de la situation, je répondis :

— Votre Majesté gagnera aujourd'hui non seulement la bataille, mais toute la campagne.

» Cette situation rappelait celle de Bautzen, où l'aile droite française demandait à grands cris des renforts. Au lieu de lui en envoyer, l'empereur se borna à lui faire parvenir cette réponse : « *A trois heures la bataille sera gagnée.* » Il savait qu'à ce moment-là, le maréchal Ney tomberait sur le flanc droit des alliés.

» Immédiatement devant nous se trouvait la forêt de Sadova, dans laquelle la brigade de Horn était vivement canonnée. Je me rappelle un chevreuil qui bondissait, éperdu, dans les rangs, en arrière de la forêt. Comme je poussais avec Wartensleben une reconnaissance sur la chaussée qui conduit à

Lipa, nous rencontrâmes un bœuf qui s'avançait à pas lents, sans se soucier des obus qui tombaient de tous côtés. Ce devait être une très forte batterie qui avait pris position contre la forêt. Il eût été parfaitement inutile de chercher à la prendre de front : j'arrivai à temps pour *inhiber* un ordre ayant pour objet cette attaque. De son côté, l'infanterie autrichienne ne paraissait pas se soucier d'avancer de ce côté.

» Seul, le général Fransecki se trouvait dans une situation critique. Il fit une défense héroïque de la forêt de Maslowed, à laquelle auraient pu lui porter secours des troupes en marche, au passage.

» Au delà de cette forêt se dressait une butte que couronnaient deux arbres seulement, se détachant vigoureusement sur l'horizon. C'était la hauteur d'Horenowez, sur laquelle nos regards se dirigeaient souvent. Enfin, à onze heures, s'éleva de ce point le nuage blanc d'une batterie. Comme cette colline n'était pas attaquée par la première armée, le feu ne pouvait être dirigé que contre la seconde armée... on répéta gaiement : « *Le prince royal est là !* »

» Au même moment, dans la direction opposée, la fumée de la poudre indiqua l'attaque du général de Herwarth sur l'aile gauche de l'ennemi.

» A deux heures, les éclairs des canons, retournés, indiquaient que la hauteur de Horenowez était occupée par la seconde armée.

» Pendant ce temps, le combat d'artillerie, entre des centaines et des centaines de bouches à feu, se continuait sur tout le front de la Bistritz. Déjà, notre infanterie s'était emparée des principaux points de passage, lorsqu'à trois heures un mouvement de retraite très accentué et le recul de plusieurs batteries se produisirent. Alors, toute la première armée se mit en branle ; la cavalerie fut appelée, et le roi traversa avec elle le pont de Somewitz.

» Nous passâmes devant la batterie formidable, qui avait, pendant si longtemps, empêché nos troupes de sortir de la forêt de Sadova. L'ennemi n'avait pu enlever qu'une partie de ses canons ; dix pièces de huit avaient été abandonnées ; les desservants et les attelages gisaient à terre, morts ou blessés. On traversa rapidement cette place où le combat avait fait tant de victimes ; car le regard se détourne volontiers de ces spectacles.

» Langenhoff était encore occupé par des isolés, qui tiraient sur nous. Mais cela ne nous empêcha pas d'avancer. Bientôt nous eûmes la vue de la grande attaque de la cavalerie de réserve autrichienne et des charges qui suivirent.

» Sous cette protection, l'infanterie ennemie avait gagné du chemin ; on ne l'apercevait plus nulle part ;

par contre, la brave artillerie, qui avait pris place
sur le côté de Kœniggraetz, protégeait la retraite.

» A six heures, toutes les troupes des deux armées
prussiennes, arrivant par trois côtés, se trouvaient
réunies sur le champ de bataille, — plus de 200,000
hommes, sur un espace d'à peine un mille carré. Il
ne fallait pas songer à démêler cette masse le soir
même.

» Le roi prit quartier à Horitz ; mais je dus re-
tourner avec mon état-major à Gitschin, où tous les
bureaux étaient restés. En route, nous rencontrâmes
d'innombrables colonnes de munitions, chargées de
remplacer sur l'heure les vides de la journée. Nous
n'arrivâmes chez nous qu'à minuit.

» Dans la hâte du départ, le matin, personne de
nous n'avait songé à se munir de provisions ; le roi
également n'avait rien. Le soir, après les émotions
de la journée et douze heures en selle, la faim reprenait ses droits. Un uhlan m'avait donné une
tranche de saucisson, mais il n'avait pas de pain
c'est tout ce que j'avais mangé depuis la veille. A
Gitschin, impossible de se procurer rien ; c'est tout
au plus si l'on parvint à me faire une tasse de thé.

» Tremblant d'épuisement, je me jetai tout habillé sur mon lit ; car j'avais à me rendre le matin,
à la première heure, à Horitz, pour prendre les
ordres de Sa Majesté. »

12

CHAPITRE XIII

GUILLAUME II CHEZ LUI

La tenue de cour. — Mécontentement général.
Les victimes de la culotte courte.
Épuration nobiliaire.
Le nouveau trône et les nouveaux uniformes.
L'habit noir à l'Opéra.

Nous avons déjà maintes fois, ici et ailleurs, fait
une brèche au mur de la vie privée de Guillaume II,
— nous entendons de sa vie d'intérieur, de celle qui
peut intéresser le public. Chez lui, l'empereur
n'abdique pas son incessant besoin d'activité. Il
mène sa cour comme ses ministres et s'efforce de
lui rendre son éclat des temps jadis.

On sait combien est impopulaire le costume de gala qu'il impose à ses invités. Pendant longtemps on a résisté contre ce travestissement; mais à la fin il a bien fallu s'exécuter. Par une coïncidence assez curieuse, c'est au bal du mardi gras que la tenue nouvelle a été, par ordre, obligatoire pour la première fois. Nombre de députés, de conseillers municipaux et de notables commerçants n'ont pu s'y regarder sans rire; mais quelques-uns ont pris bravement leur parti : « Si l'empereur se contentait de réformer nos culottes et nos escarpins... » murmurait mélancoliquement le petit Windthorst, mort depuis.

D'autres, à la vérité, n'ont pas montré tant de philosophie. Le comte Liebenau peut mettre à l'actif de sa disgrâce ses critiques du nouveau costume. Ayant eu l'imprudence de dire qu'il trouvait démodées les anciennes tenues de cour imaginées en 1706, l'empereur le fit venir et lui adressa des reproches d'une violence extrême, en lui faisant presque un crime de lèse-majesté de ne s'être point humilié devant le rescrit, sorti de sa plume, qui commence par ces mots : « Mon désir est que les belles mœurs et les habitudes du temps passé soient remises en honneur à ma cour, en ce qui concerne la tenue extérieure. »

La première dame d'honneur de l'impératrice,

comtesse de Brockdorff, a dû quitter ses fonctions pour avoir conspiré contre les bas blancs et l'habit à la française. C'est là le comble de l'infortune pour une femme du monde, dans un pays où n'être pas de la cour constitue un affront pour les gens titrés. L'empereur n'a-t-il pas récemment fait remarquer, d'une façon très aigre, à son grand-chambellan, que parmi les dames présentées il s'en trouvait sept — quatre comtesses et trois baronnes — dont les parents appartiennent à la haute finance et qui ne doivent leurs titres qu'à des mariages d'argent? Ce fait scandaleux ne se présentera plus : les hôtes de Sa Majesté sont avertis : il faudra désormais montrer patte blanche pour être admis dans le tabernacle : ainsi l'a voulu l'empereur, « afin de sauvegarder les prérogatives de la vraie aristocratie. »

Pour donner plus d'éclat aux réceptions impériales, le trône lui-même a été changé, ou, pour mieux dire, il a été dédoublé : l'ancien, qui datait de l'année dernière, était un trône royal ; le nouveau est un trône impérial. Les uniformes des soldats de parade ont aussi reçu des modifications qui les rendent plus décoratifs : les trompettes des gardes du corps porteront dorénavant des costumes de gala renouvelés des monarchies du dix-septième et du dix-huitième siècles, variables suivant le service : habit à la française rouge, plastron noir, pour l'intérieur ; plastron-cuirasse jaune, culotte de peau et bottes vernies, pour la parade ; comme coiffure, le casque surmonté de l'aigle impérial, les ailes déployées. Les mêmes modifications sont étendues aux mousquetaires de l'impératrice, qui portent le chapeau à trois pointes très élevées et très évasées, comme au temps du grand Frédéric... Toutes ces prescriptions, bien longuement énumérées, sont datées de la Wartburg, ce qui prouve que l'empereur n'a pas toujours été hanté par des idées mystiques pendant la retraite qu'il y a faite.

De la cour, les mœurs de gala ont gagné la ville. Il y a maintenant à l'Opéra des « soirées en frac » (*Frakabend*), où les hommes ne sont admis qu'en habit noir et cravate blanche, et les femmes en toilette claire. Ces soirs-là, le spectacle ne commence qu'à sept heures et demie, ce qui est une révolution dans les mœurs théâtrales de l'Allemagne, où de temps immémorial le rideau s'est levé entre cinq et six heures, pour se baisser entre neuf et dix. De plus, comme la cour choisit de préférence ces représentations pour ses visites à l'Opéra, le public, relégué dans les couloirs, n'est pas admis au foyer.

Toutes ces réformes font beaucoup jaser à Berlin, où les plus petits changements prennent souvent les proportions d'un événement considérable.

La fortune de l'empereur. — Bons placements.
Mariages princiers.
Parlementarisme et gastronomie.
Un prince bien pensant. — Le Luxembourg menacé.

En ces temps derniers on a beaucoup parlé de la fortune particulière de Guillaume II. Elle n'est pas aussi considérable qu'on le croit généralement. En outre, il a de grosses dettes à payer. Aussi l'empereur économise-t-il sur tous les chapitres qui ne sont pas d'apparat.

Il recherche aussi les bonnes occasions pour arrondir ses revenus. S'il ne peut gérer lui-même ses propriétés, comme Bismarck, il surveille de près ses intendants et se fait rendre compte des moindres détails de leur gestion. L'acquisition du château d'Urville, près de Metz, n'est pas seulement une opération politique, destinée à diriger les capitaux allemands vers les provinces annexées : l'empereur sait que la terre est bonne en Lorraine et il compte bien doubler et tripler le rendement d'un domaine qu'il a payé 500,000 marks, la moitié de sa valeur à peine. De la sorte, il atteint deux buts distincts, et qui ont bien chacun son mérite : il arrondit sa fortune et prêche d'exemple dans une question résumée en ces termes par un journal allemand qui paraît à Strasbourg : « Il y a en Alsace-Lorraine une occasion pour les agriculteurs allemands de conclure des marchés avantageux et de faire acte de patriotisme en contribuant à la germanisation du Reichsland. »

Lorsqu'il le peut, Guillaume II s'enquiert *de visu* pour ses placements. Il a visité plusieurs fois une maison de la rue Leibnitz, avant de conclure un prêt hypothécaire, dont il a longtemps débattu les conditions, et qui a été opéré sur sa cassette particulière, ainsi que les registres des hypothèques de la ville de Berlin en font foi. L'empereur s'est également intéressé dans le grand magasin à l'instar du *Louvre* et du *Bon Marché* qui vient de s'ouvrir sur la place de Werder. La capitale de l'empire allemand ne connaissait encore ce genre d'industrie que par le *Bonheur des dames* de Zola. Aussi le *Bazar impérial* est-il l'objet d'un engouement sans pareil. La spéculation est bonne, et le trésor impérial s'en arrondira d'autant. Guillaume II a six enfants, — il en aura d'autres, il l'espère bien ; et il faut établir tout ce monde-là. Il est vrai que l'État ne néglige pas les dotations. L'empereur d'Allemagne jouit, après les empereurs de Russie et d'Autriche, de la plus forte liste civile : vingt millions de francs. Il y a là de quoi fournir à bien des petites dépenses, à bien des petites douceurs.

En bon frère, l'empereur cherche à marier ses sœurs, mais elles ne reçoivent guère du Château que des cadeaux, et du Trésor que des épingles. L'aînée, la princesse Victoria, avait presque fait vœu de célibat. Elle avait résolu de se retirer en Angleterre et de tenir son état de maison dans le voisinage de sa grand-mère. Dans ce but, elle avait demandé à l'empereur de lui constituer un apanage, que celui-ci s'était empressé de lui refuser. Le duc de Schaumbourg-Lippe s'est présenté et il a été agréé.

Singulier pays que le duché de Schaumbourg ! Le régime parlementaire y fleurit comme dans le reste de l'Allemagne ; mais avec des petits côtés humoristiques qui en font une réduction·Collas des autres assemblées. Le dernier budget a été voté en 2 minutes 3/4, la session étant arrivée à son extrême-limite. Elle avait été bourrée de discussions oiseuses et d'incidents fantasmagoriques. Un jour, il y eut un vrai scandale. Le député Biesantz, désignant son collègue Bulow, qui mordait à même un pain fourré, demanda s'il était permis de manger pendant les séances. Le président répondit qu'aucun article des statuts ne s'y opposait. Alors, le lendemain, Biesantz apporta dans un panier tout un dîner, auquel il fit honneur, à son banc, la serviette au cou. L'exemple devenant contagieux, le parlement de Lippe-Schaumbourg n'a pas tardé à présenter l'aspect d'un buffet de chemin de fer.

La princesse Sophie a trouvé sa fortune en Grèce, dont elle sera reine un jour. Elle est tombée sur un bon jeune homme, très pieux, qui a commencé par la convertir à la religion orthodoxe, ce qui n'est point du goût de l'empereur. Mais il était trop tard. On aurait pu s'en douter cependant. Le jour où le prince héritier fut nommé colonel du régiment des gardes, sa mère lui ayant demandé ce qu'il désirait, il demanda une chapelle démontable et portative, qui lui permît de faire dire la messe à toute heure et en tous lieux.

Aux deux sœurs aînées de l'empereur Guillaume on avait bien donné les deux tiers des princes allemands pour futurs; pour la troisième, la princesse Marguerite, ce nombre a été dépassé. Tous les héritiers des grandes couronnes. — Russie, Italie, Danemark y ont passé; — elle se décide, paraît-il, pour le fils du grand-duc de Luxembourg : c'est un mariage gros de menaces.

Nous avons dit autre part ce que nous pensions du Luxembourg. Pendant sa régence, le prince de Nassau avait observé une attitude correcte; main

tenant il fréquente trop chez les Allemands. A chaque instant, on signale sa présence chez l'empereur.
Ce printemps encore, il était du voyage de Bonn...

Ce n'est pas précisément pour cela que les Luxem-
bourgeois l'avaient acclamé.

CHAPITRE XIV

I. ÉTÉ DE 1891

Une nouvelle série de voyages.
Le renouvellement de la triple alliance.
Trop parler nuit.
Réponse du berger à la bergère.
Un mémoire significatif.

Le 23 juin 1891, l'empereur Guillaume II quittait Potsdam, se rendant à Kiel où il devait s'embarquer pour un voyage, restreint cette fois, mais propre à lui assurer quelques adhésions nouvelles à son alliance dite de la paix.

Il fit tout d'abord halte à l'île d'Helgoland, dont il inspecta les travaux de défense; puis il fit voile pour

13

Hambourg, où, dans son impatience de répandre une nouvelle qui venait de lui parvenir, il glissa, comme le barbier de Midas, dans l'oreille du premier individu qu'il rencontra, et qui se trouva être un sieur Niessen, directeur d'une compagnie de paquebots américains, la grosse confidence du renouvellement de la triple alliance.

Par ce moyen, Guillaume II croyait frapper un grand coup. Il se trompait bien. Les traités, pour avoir quelque prestige aux yeux des masses, doivent rester secrets. Divulgués, ils provoquent des scènes comme on en a pu voir au parlement italien, ou fomentent des troubles comme dans les pays slaves soumis au joug autrichien et qui ne veulent rien savoir de l'alliance allemande. En tout cas, ils donnent l'éveil à l'adversaire, qui, dès lors, serre son jeu et concentre ses forces. C'est ce qui est arrivé pour la France et la Russie, aussitôt que ces puissances ont eu connaissance des indiscrétions de l'empereur allemand.

En effet, au lendemain même de la publication du renouvellement de la triple alliance, le Tzar se faisait remettre par un haut dignitaire de son armée un mémoire sur la situation générale, qu'il lui avait demandé peu de temps auparavant :

« La période actuelle, disait l'auteur de ce mémoire, exige une extrême vigilance. Partout on parle de la délimitation territoriale de l'Europe, et l'on assure, sans y croire, que la France et la Russie seules auraient intérêt à modifier la carte de l'Europe.

» Mais admettons que toutes les puissances aient la volonté ferme de maintenir le *statu quo*; n'y a-t-il que des questions de frontières? des conflits ne pourraient-ils être déchaînés par d'autres raisons?

» C'est une vérité absolue, mathématique, que l'existence d'une trop grande puissance sans contre-poids constitue un danger très grave : le fait seul qu'elle existe trouble l'équilibre et fait naître des inquiétudes continuelles.

» La triple alliance, dans sa nouvelle forme, peut être considérée comme l'une de ces puissances. La logique des faits exige que les deux États continentaux qui ne font pas partie de cette ligne s'unissent entre eux.

» Il faut opérer cette union le plus tôt possible : c'est ainsi qu'on rétablira l'équilibre, seule garantie de la paix. »

Les conclusions de ce mémoire produisirent une vive impression sur l'empereur Alexandre, qui s'empressa de régler définitivement le programme des fêtes de Cronstadt.

Ce n'est pas précisément ce qu'avait prévu Guillaume II.

Guillaume III, roi de Hollande.
Ses sympathies pour la France. — Il veut se mêler
de la guerre de 1870.
La démarche du professeur Thorbecke.
Guillaume XIII. — L'ogre et la petite reine.

Le feu roi de Hollande, Guillaume III, était un grand ami de la France. Il était, de plus, et par un instinct politique très avisé, l'ennemi juré de la Prusse. Il n'est donc pas surprenant que ce monarque ait songé à prendre rang à nos côtés, lorsque la guerre de 1870 fut décidée. Mais s'il était ardent, résolu, prêt à mettre son épée dans la balance des combats, il n'en était pas de même de son peuple, ami de la paix et du calme, et qui ne se sentait nul goût pour une aventure guerrière dont le but lui échappait.

On allait plus loin : on disait que si le roi persistait dans ses projets, on le déposerait. Mais Guillaume III, à qui ces propos furent répétés, ne s'en émut guère. Il continuait ses préparatifs de mobilisation, malgré les cris d'alarme de son parlement, et l'instant était proche où le peuple mettrait ses menaces à exécution. Alors, un vieil ami du sou-

verain, le professeur Thorbecke, résolut de tenter
une suprême démarche. Il se présenta de grand
matin chez le roi.

— Eh! dit celui-ci, quel bon vent vous amène si
tôt, monsieur le professeur! Que se passe-t-il de
nouveau dans le monde?

— Sire, rien de bien particulier, si ce n'est que
les habitants de votre capitale racontent toutes sortes
de bêtises.

— De mes ministres, sans doute?

— Oui, sire, de vos ministres, et aussi...

— Pas de moi, j'imagine?

— Eh si! vraiment, Sire, de vous!

— Bah!... Et que dit-on de moi, je vous prie,
monsieur le professeur?

— Dame!... c'est bien difficile à dire!

— Dites toujours!

— C'est que Votre Majesté se fâchera.

— Nous verrons! En attendant, parlez.

— Eh bien! on dit que Votre Majesté a perdu l'esprit...

Thorbecke n'avait pas achevé sa phrase, que le
roi, prompt comme une flèche, malgré son embon-
point, avait saisi son encrier massif en argent pour
le jeter à la tête de son interlocuteur. Mais l'encrier
s'embarrassa dans le tapis de la table; d'autres
menus objets s'enchevêtrèrent, se brisèrent, ce qui

donna le temps au courageux professeur d'arriver tout auprès du roi, qu'il dominait de sa longue et grêle stature. Il dit tranquillement :

— Sire, si Votre Majesté me jetait ce bel encrier à la figure, il faudrait donner raison aux bruits qui courent.

Ces mots calmèrent subitement Guillaume III. Il tendit la main à son ami, et l'écouta patiemment. Puis, il poussa un profond soupir et finit par renoncer à ses projets, mais en disant :

— On le veut, soit! mais c'est mon arrêt de déchéance et celui de mon peuple.

Ce présage ne s'est pas réalisé, mais le roi des Pays-Bas n'en a pas moins conservé, jusqu'à son dernier jour, une haine profonde pour les Prussiens. Aussi son étonnement fut-il grand, lorsqu'il apprit un beau jour, par l'entremise de l'ambassadeur d'Allemagne, que le nouvel empereur Guillaume II désirait visiter la Hollande.

La Hollande, c'était lui, naturellement. Mais Guillaume III fit semblant de ne pas comprendre : il répondit que malgré son désir de recevoir l'empereur, il lui était impossible de se déplacer pour le moment.

Et comme, dans son entourage, on lui faisait observer que Guillaume II avait été reçu solennellement dans plusieurs cours, il dit :

— Parbleu ! il s'invite ! On est bien obligé de lui faire accueil, quand on ne peut pas faire autrement. Il me fait l'effet du monsieur qui vient vous demander à dîner quand on est déjà douze à table et qui fait le treizième.

Le roi, qui était jovial, se mit à rire de sa propre plaisanterie. Depuis ce moment, il n'a plus appelé Guillaume II autrement que Guillaume XIII.

Ce propos est-il revenu aux oreilles de l'empereur ? c'est fort probable. En tout cas, il ne l'a pas corrigé de son sans-gêne ; car à peine Guillaume III était-il mort, qu'il faisait annoncer sa visite à la reine-régente, en ajoutant, pour qu'on n'en ignorât, « qu'il désirait être reçu officiellement », et qu'il demandait « que la flotte hollandaise vînt recevoir l'escadre allemande dans la haute mer. »

C'était prendre un peu bien tôt possession d'un pays ardemment convoité par l'Allemagne, mais nous savons que rien n'arrête Guillaume II sur le chemin de la fantaisie.

En mettant pied sur le sol hollandais, il a salué le port d'Amsterdam comme s'il lui appartenait, et, pour affirmer l'allégorie de son voyage, il s'est empressé de se faire photographier avec la reine-régente, donnant chacun la main à la petite reine Wilhelmine.

Pauvre petite reine ? Que triste est sa destinée !

Elle est l'appât d'une ratière, où le rongeur veut entrer à tout prix. Si elle vit, on lui donnera un bon petit mari, tout Allemand : on en élève à la brochette dans le palais de Guillaume II. Si elle meurt, le rat fera tout son possible pour forcer la place. On est si bien dans un fromage de Hollande !

En route pour l'Angleterre.
Les petits côtés de l'expédition. — Autre pays,
autres mœurs.
Un photographe sur les dents.
Empereur et prince royal. — En laisse et muselé.
Couplet séditieux.

En quittant le pays des moulins à vent, où son esprit avait trouvé matière à de judicieuses réflexions, Guillaume II prit le chemin de l'Angleterre, où la population, sur l'insistance de la reine, consentait enfin à le recevoir, après trois ans de refus.

C'était un triomphe, mais pas précisément dans le sens que l'empereur universel s'était proposé. Le peuple anglais, par respect pour sa souveraine, dont il était l'hôte et le parent, lui fit une réception correcte, mais glaciale. Dans les sphères élevées, l'accueil ne fut pas plus chaleureux. Mille riens blessaient à chaque instant les lords anglais chez ce prince aux manières peu sympathiques, dont le sans-façon, joint à une morgue sans motif, éveillait l'idée d'un petit bourgeois dans le grand monde. A l'uniforme d'amiral britannique, dont il se revêtit avec ostentation, ce qui n'était point fait pour plaire à la marine anglaise, si fière de ses privilèges, il opposait, dans la patrie de Brummel et de lord Dorsay, des petits complets, sortis du *Bazar impérial* de Berlin, qui faisaient rire les moins prévenus. Puis, c'était l'impératrice faisant ses petits achats dans les magasins, dès huit heures du matin, pour profiter de bonnes occasions, sans être vue. Un jour, après quatre heures de visite et de marchandage, elle partit après n'avoir acheté qu'un tapis d'imitation d'Orient et un petit canapé couvert de cuir, le tout au prix le plus modeste. C'était mièvre, on en conviendra.

D'autres scènes encore choquaient l'observation du *self-esteem*, si fort invétéré chez les Anglais. Après la grande revue passée en l'honneur du souverain étranger, au moment où le prince de Galles et tout l'état-major avaient déjà tourné bride pour rentrer au logis, on fut surpris de voir que Guillaume II ne bougeait pas de place, persistant à planer, immobile et l'œil fixe, du haut de son cheval, sur le champ de manœuvres. On le supposait abîmé dans ses pensées guerrières, rêvant de combats futurs, de victoires glorieuses, où les Anglais mêlaient leur sang à celui de ses soldats... Pas du tout! Il posait pour son photographe, qui ne le quitte jamais, et dont la place n'est point une sinécure.

A la cour, l'impression ne fut pas meilleure qu'à la ville. L'empereur y parut ennuyé, malade, et il l'était, en effet. A la représentation de Covent-Garden, où les artistes français, MM. Lassalle, Maurel et mademoiselle Richard avaient refusé de chanter, ce qui l'avait vivement contrarié, il parut comme absorbé dans une pensée fixe, la tête inclinée, la lèvre pendante. Au bal, à Marlborough-House, il ne quitta pas son fauteuil, ne mandant personne auprès de lui, suivant l'usage; et quand il prit place à table, pour souper, il s'y endormit profondément, tandis que le prince de Galles, par un contraste plein de malignité, mangeait comme quatre, buvait comme six, et se montrait plein de verve et d'entrain, après avoir dansé comme un sous-lieutenant toute la soirée.

C'était sa manière de se venger de son neveu, qui avait jugé à propos, peu de temps auparavant, d'exprimer dans une lettre à la reine, sa grand' mère, ses sentiments sur l'affaire du baccara. M. Labouchère, membre de la Chambre des Communes, a raconté dans le *Truth*, à l'occasion de cette lettre, que les relations entre Guillaume II et le prince de Galles n'ont jamais été cordiales. L'empereur n'a pu pardonner à son oncle d'avoir pris chaudement le parti de l'impératrice Frédéric dans les querelles de famille qui scandalisèrent si fort l'opinion publique au début de son règne. Il aurait donc saisi avec empressement l'occasion qui lui était offerte de remoucher (*snubbing*) le prince, en se plaçant surtout au point de vue militaire.

« Naturellement, dans les circonstances ordinaires, conclut l'honorable député, la lettre de l'empereur à la reine serait considérée comme une impertinente ingérence en des affaires qui ne le regardent pas. Malheureusement, le monarque allemand trouve un prétexte pour censurer le prince de Galles dans ce fait que son oncle est colonel honoraire des hussards de Blücher. Mais il n'en est pas moins certain que la sévère dissertation de Guillaume II produira le plus mauvais effet dans le public, étant donné surtout que ce prince prend, en cette occurrence, son ton habituel de supériorité vaine qui le fait ressembler à Dieu faisant la leçon à une punaise. »

Ce mauvais effet dont parle M. Labouchère, l'empereur put s'en apercevoir lors de sa visite à Guild-

hall. Sa voiture, dans le cortège, venait en premier.
Dans la foule, point d'acclamations ! Quelques vivats
isolés poussés par des Allemands ! A peine un chapeau en l'air de temps à autre ! et c'était tout !
... Mais à cent mètres en arrière : quel broubaha !
quelle explosion de joie ! quels hourrahs prolongés !
C'était le prince de Galles qu'on accueillait ainsi...
Dans le silence qui l'entourait et lui favorisait la
perception de cette exubérance, Guillaume II a pu
se convaincre qu'on naît avec l'art de se rendre sympathique, et que la popularité ne s'acquiert ni par
la suffisance ni par la hauteur du rang.

A Guildhall, une autre épreuve l'attendait. Il aurait voulu parler politique à ces braves *aldermen*
réunis pour le saluer ; mais la reine, connaissant son
petit-fils, avait eu soin de mettre son *velo*. M. Labouchère sera notre guide encore en cette circonstance :

« Le programme officiel de la visite de l'empereur
d'Allemagne a dû, nous apprend l'honorable membre de la Chambre des Communes, être réimprimé
cinq fois, par suite de nombreux changements dans
les dispositions prises par les parties intéressées.
Pendant la quinzaine qui a précédé l'arrivée de
l'empereur, deux cents dépêches environ, dont beaucoup étaient très longues, ont été échangées entre
Berlin et Windsor. L'habitude invétérée de l'em-

pereur Guillaume de prononcer des harangues de l'effet le plus retentissant a causé une très grande anxiété à la reine, depuis le moment où la visite officielle de son petit-fils a été décidée.

» On a eu de grandes appréhensions à la cour; on a craint, notamment, que Sa Majesté ne fasse quelque malencontreuse allusion à la Russie ou à la France, ou quelque déclaration embarrassante au sujet de la triple alliance.

» J'ai appris, à ce sujet, que la reine a très sagement stipulé que l'empereur écrirait son discours destiné à être prononcé à la City, ainsi que les autres speechs, et soumettrait ses déclarations à l'assentiment royal. A Guildhall, par conséquent, Guillaume II lira ou répétera des phrases sanctionnées par la reine. »

Ces phrases sont connues. Elles ne dépassent pas les bornes des convenances observées par les souverains ordinaires; aussi le public s'est-il aperçu sans peine que Guillaume II n'y était pour rien. Sa grand'mère l'a, d'ailleurs, tenu tout le temps de son séjour en lisière. Il lui avait amené toute sa smala, comptant que la reine allait produire dans le monde cette bande de petits prodiges impériaux; mais là encore il a fait fausse route. En effet, il n'a été soufflé mot des petits princes durant leur séjour en Angleterre, où personne ne s'est occupé d'eux. On peut dire, pour résumer ce séjour en Angleterre, que la reine, d'un côté, et la maladie, de l'autre, ont fait manquer tous les numéros d'un programme savamment combiné.

— Quel triste voyage ! a dû s'écrier plus d'une fois Guillaume II, errant, solitaire, et déjà sous le coup d'une crise nerveuse, à travers les salons déserts de Buckingham-Palace et de Windsor.

Mais il ne pouvait qu'ajouter :

— Tu l'as voulu, Guillaume.

Et surtout qu'il devait regretter, dans ces moments, la douce intimité d'Osborne.

Là, du moins, le peuple anglais ne l'horripilait point par sa froideur, quand il n'allait pas jusqu'à l'agression... Un soir, à l'Alhambra, un chanteur comique improvisa des couplets à double entente au sujet des princes qui viennent en Angleterre, et surtout des princes allemands, qu'on ne devrait jamais laisser descendre à terre... Le public lui fit une ovation.

Quadruple alliance.
Le roi Humbert et le prince Napoléon.
Les promesses de l'Angleterre.
Un engagement sans valeur. — Les protestations
de M. Labouchère.
L'empereur chez lord Salisbury.

Ne point parler politique ! Mais c'était justement pour cela, et pour cela seulement, que Guillaume II était venu en Angleterre.

La *Nouvelle Gazette de l'Allemagne du Nord* avait imprimé que l'empereur ne pouvait apporter de plus beau cadeau au peuple anglais que la procla- mation du renouvellement de la triple alliance, et, forte de cette assurance, le reste de la presse alle- mande avait embouché les trompettes de la Renom- mée pour proclamer, comme un fait accompli, la conclusion d'une quadruple alliance, avec l'appoint de l'Angleterre.

On se rappelle l'émotion produite en France par cette alerte, bientôt calmée. Les confidences du roi Humbert au prince Napoléon, rapportées par M. Mil- levoye, les avaient fait naître. D'après cette source, le roi aurait dit à son beau-frère :

— Je n'ai rien à craindre pour la sécurité des côtes italiennes. J'ai du cabinet de Saint-James la promesse formelle que la flotte anglaise se joindra à la mienne, le cas échéant, pour couvrir l'Italie contre toute opération maritime.

Le prince Napoléon s'étant récrié et ayant fait observer que cet engagement impliquait de la part de l'Angleterre une adhésion à la triple alliance et même un concours offensif contre la France, puisqu'il facilitait à l'Italie les moyens d'effectuer sa mobilisation, le roi répondit :

— Mes intentions sont pacifiques. Mais si la guerre éclate, je suis en effet rassuré du côté de la mer ; et grâce à la participation de la flotte anglaise, je pourrai, comme vous le dites, mobiliser mon armée en sécurité.

Sur de nouvelles observations du prince, le roi conclut en ces termes :

— Je n'ai pas à vous en dire davantage. Ce que je puis vous affirmer, c'est que les gouvernements anglais et italien ont échangé des dépêches qui contiennent des engagements précis, et j'ai pleine confiance dans la parole écrite du gouvernement anglais.

On comprend ce que ces révélations avaient de grave dans leur forme précise. Plus alarmantes étaient encore les conditions du traité secret d'alliance, dont la copie aurait été faite à Rome, par un monsieur Smith, au nom du gouvernement :

« L'Angleterre garantit à l'Italie le respect de son littoral, c'est-à-dire qu'elle enverrait dans la Méditerranée une flotte dont le rôle serait de protéger les côtes de la péninsule; mais ce rôle serait purement défensif et ne pourrait pas devenir offensif.

» En échange de cette protection qui donnerait, d'ailleurs, une influence prépondérante à la puissance maritime de la Grande-Bretagne dans la Méditerrannée, l'Italie et ses deux alliés garantiraient à l'Angleterre le *statu quo* en Égypte, à Gibraltar, à l'île de Chypre. »

Qu'y avait-il de vrai dans tout cela? Interpellé, lord Salisbury garda le silence. Plus tard, sir Ferguson a prétendu qu'il n'existait aucun engagement avec l'Italie, que l'Angleterre ne s'était pas associée à la triple alliance, et que le gouvernement anglais ne connaissait même pas les termes de cette alliance. Mais M. Labouchère s'est montré peu satisfait de ces déclarations. Plaçant la question sur son véritable terrain, il a rappelé que tout engagement pris par un ministre anglais envers une puissance étrangère est sans valeur, tant qu'il n'a pas été porté à la connaissance de la Chambre.

« Le roi d'Italie, a-t il ajouté, se fait une étrange illusion, s'il s'imagine qu'il pourra mobiliser son

armée parce qu'il a la parole de lord Salisbury, et
que, grâce à la protection de la flotte anglaise, il
n'aura pas besoin de s'occuper de la sécurité des
côtes italiennes. Si l'Italie trouve bon d'entrer dans
une alliance offensive et défensive contre la France,
elle doit comprendre qu'elle agit à ses risques et
périls. »

Il, s'en est peu fallu que ces paroles ne fussent
entendues par Guillaume II; car il avait annoncé
sa visite au parlement le jour même où elles furent
prononcées. Sa maladie seule l'empêcha de mettre
ce projet à exécution, de même qu'elle le priva d'assister aux régates données en son honneur et de
visiter l'exposition allemande, organisée à l'occasion de son séjour à Londres. S'il fût venu à West-
minster, il eût, d'ailleurs, subi bien d'autres assauts;
car M. Labouchère, continuant :

« Sans doute, il est désirable de maintenir le
statu quo dans la Méditerranée, mais pour cela il ne
faut pas s'engager à le maintenir dans toutes les
circonstances; encore moins faut-il entrer dans
une alliance secrète.

» L'Angleterre doit éviter autant que possible d'intervenir dans les affaires européennes ; car, si elle
était impliquée dans une guerre continentale, le
Canada et l'Australie se sépareraient d'elle.

» Dans cette situation, il est impossible que la

France éprouve un sentiment bien cordial pour l'Angleterre, alors qu'elle voit cette puissance entrer secrètement dans une ligne dont le but est d'empêcher la France de reprendre l'Alsace et la Lorraine. »

A ces mots Ferguson regrette que l'orateur ait tenu un langage de nature à encourager la France à faire la guerre pour reconquérir l'Alsace-Lorraine. Mais M. Labouchère nie avoir voulu donner à la France un pareil encouragement. Il a dit seulement que si une telle guerre avait lieu, les sympathies anglaises seraient avec la France. En attendant, il se réjouit, encore une fois, de voir que lord Salisbury ne peut pas engager l'Angleterre ; car, à son avis, lord Salisbury fait tout son possible pour envenimer les relations de l'Angleterre avec la France.

« Il y a, paraît-il, une sorte de boycottage royal et aristocratique contre la France républicaine. Il y a, en effet, un sentiment parmi les souverains européens, c'est que si la République triomphe en France, l'idée républicaine se répandra. »

Cette phrase est suivie de murmures et d'applaudissements. Il en est de même, lorsque l'orateur termine sur ces mots :

« Lord Salisbury serait heureux de voir une alliance générale contre la France. ».

Le soir même, le *Daily News* reprenait ce thème

pour son compte et faisait observer à l'empereur allemand que lord Salisbury ne serait pas toujours premier ministre, et qu'alors ses sympathies personnelles n'auraient plus aucune action sur les masses.

« Nous ne pouvons, ajoutait l'organe libéral, prendre part à l'isolement de la France, non plus qu'à une politique de suspicion envers cette nation, injustement considérée comme une puissance agressive. Le devoir aimable de tout gouvernement britannique est de toujours entretenir les relations les plus amicales avec la France. »

Pendant tout son séjour en Angleterre, Guillaume II s'est efforcé de consoler lord Salisbury des attaques que lui valait son dévoûment à la sainte alliance. Il a dîné chez lui et s'y est presque dépouillé du spleen qui le tenait depuis son débarquement en Angleterre. Enfin, avant de quitter Londres, il lui a donné son portrait en pied, et, — décidément c'est dans le sang, — une pendule.

CHAPITRE XV

LE VAISSEAU-FANTOME

*Une date historique. — Le bateau de la légende.
En avance d'une heure.
Les mystères du* HOHENZOLLERN.
*Inquiétude en Allemagne. — Qu'est devenu
l'empereur ?
Explications tardives... et fantaisistes.*

Les collectionneurs d'éphémérides peuvent consigner sur une même feuille de leurs tablettes ce curieux rapprochement :

1891 — 23 JUILLET

*L'escadre française, commandée par le vice-amiral
Gervais, fait son entrée triomphale à Cronstadt.*

D'après le Moniteur de l'Empire allemand, *l'empereur Guillaume II, se trouvant sur le pont du yacht* Hohenzollern, *a fait un faux pas sur le plancher, que la pluie avait rendu glissant, et s'est blessé légèrement au genou droit.*

Etonnant navire que ce *Hohenzollern !* Il est comme son maître. Il arrive quand on ne l'attend pas ; il n'arrive pas quand on l'attend ; on le croit en mer, il est à terre ; on le signale au nord, il est au sud ; au moment où l'on y pense le moins, ses feux brillent soudainement au plus fort de la tempête ; on croit le tenir, on le fixe, mais il a déjà disparu ; ce qui se passe à son bord, nul ne le sait ; d'étranges bruits sortent de ses flancs ; et quand la Fée Morgan le montre dans un mirage, il s'entoure d'une brume épaisse, pour n'être pas vu, tel le *Voltigeur hollandais*, ce vaisseau-fantôme, sur lequel courent des histoires sinistres.

Précisons :

Le 4 juillet, le *Hohenzollern* est annoncé pour onze heures à Port-Victoria ; il arrive à dix heures, avec une heure d'avance. Le prince de Galles, qui vient au-devant de son neveu, n'est pas encore signalé. Au sémaphore, le pavillon n'est pas hissé. Les canons, sans ordres, se taisent. La garde d'honneur, prévenue en toute hâte, accourt au pas de

charge, les soldats portant à la main, qui un sabre,
qui un ceinturon. Les personnages officiels et les
fonctionnaires se précipitent dans un désordre iné-
narrable. Ils ont oublié leurs discours à la maison
et ne savent que dire à l'empereur qui se promène
en long et en large, avec sa femme au bras, sur le
quai. C'est un désarroi, un désordre complets. Enfin,
le prince de Galles arrive. Il s'excuse; mais Guillaume, lui coupant la parole :

— Vous voyez, mon cher oncle, qu'il n'est pas
besoin d'un tunnel pour envahir l'Angleterre.

Second acte :

Le départ du *Hohenzollern* est fixé au 16 juillet;
le 14 il a disparu. Il se dirige, dit-on, sur Bergen,
mais on ne l'y voit pas...

— Où est-il? sur les côtes de Norvège?... Où ?

Bientôt d'étranges bruits circulent : L'empereur
est malade ! L'empereur est fou ! Il a pris le commandement de son navire ! Il le conduit droit à des
rochers ! Une catastrophe n'est évitée qu'en le gar-
rottant ! Il brûle la cervelle à un officier qui se re-
fuse à exécuter ses ordres ! Une émeute éclate à
bord ; elle est conjurée par le dévouement de quelques fidèles ! Un coup de tonnerre secoue le *Hohenzollern* jusque dans sa quille : c'est un avertissement du ciel ! Vite, l'empereur décide que les pas-
teurs offriront à Dieu des supplications pour qu'il

détourne sa colère de la Prusse et de ses troupes !
Mais il n'y a qu'un pasteur à bord : *lui-même !* Il se
revêt donc d'ornements singuliers, tenant de la
tiare et du san-benito, célèbre le service divin avec
des rites renouvelés du sabbat, et provoque les esprits infernaux. Puis, ce sont des cris de souffrance,
des malédictions, des rages folles ! La douleur atteint
son comble ; la tête s'enflamme, le cerveau brûle,
le front se fendille !... La terre est proche ; on peut
aborder !... Non, non, en mer, en mer, au loin ! La
terre ne doit point connaître ce drame !... Mais voilà
que soudainement tout se calme. On croyait le navire
perdu ; il revient. On l'a vu ! Tout va bien à bord !
Il sera à Dantzik le 13 août...

Erreur ! Il est à Kiel le 10.

N'est-ce point là, nous le demandons, la légende
qui a couru sur le *Hohenzollern*, pendant son éclipse
d'un mois ?

Les journaux allemands en étaient effrayés eux-
mêmes. Les on-dit circulaient. Mais le *Moniteur de
l'Empire* restait muet. Le 26 juillet seulement, il se
décidait à parler ; mais avec quelle prudence !
« L'empereur s'est légèrement blessé au genou... »
Et c'était tout ! La presse insiste, timidement d'a-
bord ; mais enfin, on veut des nouvelles... Rien !...
Les jours se passent. L'angoisse commence à mordre
au cœur les patriotes, privés de l'empereur. On se

demande : « Ce qu'on dit serait-il vrai ? » Mais parlez au moins, journaux, dites quelque chose !... Le silence, toujours le silence !... Les plus savants docteurs de l'Allemagne ont été mandés à bord... A bord : où ?... Caprivi, Munster, cent autres, voient l'empereur tous les jours... Encore une fois : Où ?... Et l'impératrice, où est-elle ?...

Décidément, tout cela forme un *méli-mélo* dont on ne saisit plus les fils. On en est au point de la pièce où le spectateur se demande : « Comment cela va-t-il finir ? » lorsque soudain tout se dénoue de la façon la plus simple du monde.

« Si l'empereur reste à bord de son yacht, écrit la *Gazette de Cologne*, c'est parce que cela lui est plus commode et qu'il espère pouvoir entreprendre prochainement de nouvelles excursions. »

Eh ! parbleu ! c'était bien cela. Guillaume II avait annoncé son second voyage à Helgoland, une excursion à Stettin avec l'impératrice, une visite à son château d'Urville, en Lorraine ! Il n'a mis aucun de ces projets à exécution... C'était pour entreprendre de nouvelles excursions.

« L'empereur, disait un second journal, n'a jamais souffert que de son mal au genou. On avait annoncé que sa guérison serait longue. Elle s'est faite miraculeusement, en un jour : Hosannah ! »

Enfin, un troisième journal :

14

« Vous n'y êtes pas! L'empereur n'a jamais souffert ni de la tête, ni du genou. Il est resté un mois
en mer pour laisser pousser sa barbe. C'était une
surprise qu'il voulait faire à sa femme. »

Sur ces mots, tout le monde s'est tu... Car le
temps est loin où l'on discutait, en Allemagne, sur
la barbe de l'empereur.

*L'escadre française à Cronstadt.
Pronostics de Bismarck.
La Russie pendant l'Exposition de 1889.
L'entente franco-russe. — Une voix bien avisée.
Les petites vilenies de la presse allemande.*

Si un événement était propre à surexciter l'esprit,
déjà très énervé, de l'empereur, sans parler de son
état maladif, avant son accident à la rotule, c'est
assurément la présence de l'escadre française dans
les eaux danoises, suédoises et russes.

Quel contraste avec ce qui se passait l'année précédente, à pareille époque. Alors, Guillaume II
s'embarquait triomphant pour les pays du nord
qu'il se proposait d'enchaîner à la Sainte-Alliance.
Et maintenant, c'était une flotte française qui re-

commençait son voyage, promenant au milieu d'une
ovation sans pareille le pavillon français, le pavillon
abhorré, d'épape en étape, depuis Copenhague jusqu'à Cronstadt.

En Allemagne, ce changement à vue produisit
l'effet d'un coup de foudre. Jusque-là le peuple
allemand avait traité de chimère tout ce qui tou-
chait à l'éventualité d'une alliance franco-russe.
Seuls, les initiés se rendaient compte du courant
irrésistible qui rapprochait les deux nations. Bismarck lui-même ne s'y trompait pas, et bien qu'il
eût toujours « deux fers au feu », comme il a pris
soin de le dire à un Russe de ses amis, il redoutait
particulièrement cette alliance qui menaçait son
œuvre jusque dans ses fondements.

Du reste, cette crainte, il l'avait toujours eue. Dès
1857, il écrivait :

« Une alliance franco-russe aurait une supériorité diplomatique écrasante sur la Prusse et l'Autriche qui perdraient toute action sur les Etats du
dedans et au dehors de l'Allemagne... »

Et il ajoutait, devinant à vingt-quatre ans de distance Portsmouth après Cronstadt :

« La prudence commande à la France de se garder
ouverte l'alliance avec la Russie, sans froisser l'Angleterre inutilement par des efforts trop visibles. »

En ces derniers temps, l'ex-chancelier s'est rappelé ses prophétiques paroles. Il suivait depuis quelques années le mouvement des esprits et pouvait constater ses progrès. L'Exposition de 1889 avait fait cesser la période d'observation timorée dans laquelle se tenaient les deux pays intéressés. La *Novoïé-Vremia* donnait le signal des effusions par cet appel bien net et bien caractérisé :

« Pendant que la France nous offre le spectacle du triomphe du travail et du développement pacifiques, on voit passer du Nord au Sud et du Sud au Nord des nuages orageux, on entend retentir des clameurs belliqueuses, on porte des toasts à la guerre et à l'extermination de ceux qui se réjouissent de vivre en paix, on se livre à des simulacres de bataille, on donne des dîners de revue dans lesquels on fait sonner son sabre en prononçant des discours belliqueux et en adressant des menaces à ceux qui oseraient troubler la paix, aux puissances de l'Ouest ou de l'Est, qui ne songent précisément qu'à la paix... On nous dit : — Nous sommes forts, parce que nous pouvons tout détruire. Rien ne peut résister aux armes réunies des Allemands, des Autrichiens et des Italiens...! Nous avons, quant à nous, cette autre devise : — Nous sommes forts, parce que nous ne voulons rien détruire et que nous employons les ressources dont nous disposons à empêcher la destruction et l'anéantissement des peuples... C'est pourquoi les seules puissances qui soient capables de porter un toast vraiment sincère et loyal à la paix sont notre chère patrie, la Russie, et cette France, qui a prouvé sa force par le pacifique triomphe de l'Exposition. »

A partir de ce moment, la presse moscovite ne cesse de réclamer l'entente franco-russe, « grâce à laquelle la Russie peut aspirer au triomphe final de sa politique dans les Balkans », et qui doit assurer à la France « le triomphe d'une revendication depuis longtemps caressée ». Le *Svet* va plus loin : il demande au gouvernement russe « de garantir plus efficacement la paix européenne, en opposant aux alliances de l'Allemagne l'alliance formelle de la Russie et de la France, dont les intérêts sont devenus si étroitement solidaires. » Puis, c'est la nomination de M. Carnot dans l'ordre de Saint-André, la présence du Tzar à l'Exposition de Moscou, et finalement cette stupéfiante visite de Cronstadt, qui scelle, mieux qu'aucun traité, le compromis des deux nations.

Alors, Bismarck prend la plume, et, avec ce flair de la situation exacte des choses qui le distingue des autres diplomates, il invite au silence la presse allemande prête à déborder d'injures, en lui montrant ce qui peut advenir si les journaux ne s'efforcent, par une tenue correcte, d'enrayer un mouvement déjà trop accusé.

« A partir du moment où nous serions brouillés avec la Russie, fait-il écrire par les *Nouvelles de Hambourg*, l'Allemagne serait dépendante de l'Autriche, et la diplomatie autrichienne en profiterait pour nous faire toujours condescendre à sa volonté. Dans ce cas, la Russie pourrait même arriver à une entente avec l'Autriche, sans aucun égard pour nous, et l'attitude de l'Italie dépendrait plus alors de l'Angleterre et de la France que de l'Allemagne. »

Devant cette éventualité, qui serait la désagrégation de la triple alliance et l'isolement de l'Allemagne, la presse désarme; elle ne fait plus de politique, mais elle se rattrape sur les petits côtés des journées de Croustadt...

Un jour, c'est la famine qui vient d'éclater en Russie, plus hideuse qu'elle ne le fut en aucun temps; le lendemain, c'est la santé du tzarewitch qui fait les frais d'un article de fond, où le fils d'Alexandre III est doté de plus de maladies qu'on n'en attribua jamais à Guillaume II; une autre feuille explique la réception amicale faite par les Russes à nos marins, en faisant ressortir que presque tous les officiers de la marine française sont nobles, ce qui ne saurait déplaire à leurs collègues moscovites ; puis, c'est un hommage pieux et discret à la vaillante impératrice de Russie, « de race allemande (!), dont le cœur doit saigner en voyant sa patrie d'adoption se commettre avec les ennemis de son pays d'origine. »

.... Mais nous nous arrêtons dans nos citations. On remplirait un volume en voulant reproduire toutes les inepties germaniques auxquelles ont donné lieu les manifestations amicales des Russes et des Français.

La reine Victoria, instigatrice de Cronstadt
et de Portsmouth.
Guillaume II consigné à son bord.
Un rêve creux. — Le désarmement.
Le prince Henri et la flotte française. — L'Allemagne
en émoi. — La Russie lui coupe les vivres.

Le *New-York Herald*, qui a la spécialité des nouvelles à sensation, expliquait à sa manière, qui est peut-être la bonne, et Cronstadt et Portsmouth :

« Pendant son séjour à Windsor, Guillaume II aurait demandé à la reine Victoria un entretien confidentiel et lui aurait dit en substance :

— Vous êtes ma grand'mère et vous êtes la reine

d'Angleterre. A ce double titre, conseillez-moi. La situation en Allemagne est intolérable. Elle ne peut durer douze mois de plus. Le pays ne peut plus supporter les charges financières exigées pour l'entretien de notre force militaire. Le socialisme gagne chaque jour du terrain. Les alliés de l'Allemagne, surtout l'Italie, ne peuvent plus se maintenir en cet état. La France, au contraire, devient de plus en plus forte. Mais elle est isolée. Il est absolument nécessaire que l'Allemagne saisisse la première occasion de lui déclarer la guerre. Le dernier moment où cela sera possible est le printemps de 1892.

« La reine, après avoir attentivement écouté ce discours, aurait répondu :

— Aussi longtemps que je vivrai, j'ai le ferme espoir de voir la paix maintenue. C'est une terrible responsabilité qui pèserait sur vous. J'envisage qu'il serait criminel, de la part de tout souverain ou homme d'Etat, d'essayer de précipiter les événements. En tout cas, ce que vous venez de me dire me cause le plus grand déplaisir.

« Lord Salisbury, mandé par la reine, déclina l'invitation que lui faisait Sa Majesté de dissuader Guillaume II de son projet :

« L'empereur, disait-il, pourrait bien abréger la conversation en le prenant par les épaules et en le jetant par la fenêtre.

« Mais lord Salisbury donna le conseil à sa souveraine d'écrire au Tzar pour l'engager à donner sans
retard à la France un témoignage de son amitié.

« Il ajoutait que l'Angleterre agirait politiquement en faisant, de son côté, et en même temps, une
avance à la France.

« La reine aurait donc suivi le consei_ de son ministre et adressé une lettre autographe au Tzar, qui
fut convaincu de la gravité de la situation. Et c'est
pour cela que la flotte française, qui se trouvait
dans les eaux suédoises, reçut des deux souverains
l'invitation de se rendre à Cronstadt et à Portsmouth. »

Portsmouth, c'était la flèche du Parthe que la reine
envoyait à son petit-fils, sortant de ses bras, après
son séjour en Angleterre.

La nouvelle dut en parvenir à Guillaume II les
derniers jours de juillet, car c'est vers cette époque
que cette visite fut annoncée, très soudainement, et
rendue certaine par une lettre que M. Barbey, notre
ministre de la marine, écrivait au maire de Portsmouth pour le remercier de son invitation.

Certes le coup était plus rude encore que celui de
Cronstadt. Le bruit courut même que l'empereur
reviendrait en Angleterre pour assister à la revue
de la flotte française. Mais il faut croire que la reine

Victoria, continuant ses sévérités, lui intima l'ordre de rester à son bord.

Guillaume s'inclina devant la volonté de son aïeule, mais il envoya son frère Henri à sa place, avec une mission bien précise pour la reine. Il la suppliait de faire une allusion très directe à un désarmement général dans l'allocution de bienvenue qu'elle adresserait aux marins français. Dans sa pensée, la reine devrait annoncer que la quadruple alliance serait prête à donner l'exemple, si la France et la Russie consentaient à cette mesure de pacification. Si ces deux nations refusaient, ce qui était probable, on les dénoncerait comme les ennemies de la paix.

Cette conclusion est tout le procès de cette immense plaisanterie qu'on a baptisée le *désarmement*. L'idée en est venue d'Amérique... Blaine ayant dit : « Ni les uns ni les autres, nous ne voulons de ces armées permanentes qui remuent l'Europe, qui dépeuplent ses campagnes et qui épuisent ses forces », Guillaume II trouva cette déclaration de son goût, et voulut l'appliquer sur l'heure. Le temps était loin où le duc Decazes, alors ministre des affaires étrangères, pouvait dire : — Tous les matins, la Prusse recommence contre la France la fable de La Fontaine, *le Loup et l'Agneau*.

A défaut de guerre, il fallait dont prêcher la paix.

C'est à quoi s'ingénia l'empereur qui fit passer à
tous les correspondants secrets de ses chancelleries
une note ainsi conçue :

« Établir par les courants ordinaires que si, dans
le cas où l'empereur proposerait le désarmement
général, la France et la Russie répondaient par un
refus, ces deux nations auraient par là démontré
qu'elles seules veulent troubler la paix. Développer
à ce propos la question de l'arbitrage international
et son utilité. »

La supplique de Guillaume II à la reine d'Angleterre ne fut que la paraphrase de ce programme;
mais elle n'eut aucun succès auprès de Sa Majesté,
qui, malgré ses sympathies bien connues pour l'Allemagne, pensa que le moment était au moins inop-
portun pour lancer ce gros ballon d'essai.

L'empereur dut se résigner; mais son esprit eut à
subir de rudes assauts pendant les fêtes de Portsmouth. Son frère, banni de l'état-major anglais où
lui donnait place son rang d'amiral, fut obligé de
visiter incognito, en jaquette bleue et en chapeau
melon, le *Marengo*, où ses questions indiscrètes
donnèrent l'éveil à un maître-canonnier qui faillit
lui faire un mauvais parti. Et donc sa grand'-
mère, l'altière Victoria, adressant un télégramme de
félicitations au président de la République française,
et, suprême épreuve! écoutant debout la *Marseil-*

laise ! Le pont du *Hohenzollern* dut, ce jour-là, retentir de singuliers éclats.

En Allemagne, l'émoi ne fut pas moins grand. On y considérait la quadruple alliance comme un fait accompli et ce qui se passait détruisait tout un échafaudage d'illusions complaisamment amassées. Le mécontentement était général, et la presse surtout ne cachait pas son dépit. Certains journaux se montraient même particulièrement agressifs; telle, la *Gazette Nationale* qui menaçait les Anglais de la fureur teutonne, s'ils faisaient mine d'abandonner la cause de l'Allemagne :

« Si, en cas de guerre européenne, disait-elle, l'Angleterre ne prenait pas, dès le début, fait et cause pour la triple alliance, elle pourrait bien avoir le sort de Carthage. »

Une autre feuille, la *Gazette de la Croix*, déplorait la versatilité de la perfide Albion :

« La politique anglaise varie comme une girouette. Hier, le prince de Naples; avant-hier, l'empereur Guillaume; aujourd'hui, l'amiral Gervais : c'est à n'y rien comprendre. *Et voilà que les Russes nous coupent les vivres !* »

Les vivres! c'était le seigle, dont le gouvernement russe interdisait subitement l'exportation. Jamais coup droit ne fut porté plus délibérément à l'Allemagne.

Précisément le chancelier de Caprivi venait de refuser l'abolition des droits sur les blés, alléguant que l'Allemagne se nourrissait principalement de pain fait avec du seigle, dont la Russie fournissait les neuf dixièmes. De sorte que les Allemands se sont trouvés du jour au lendemain sans seigle ni blé, ce qui n'a pas laissé de leur causer quelque angoisse.

Puis est venu l'ukase non moins imprévu du Tzar, interdisant l'exportation des oies. On jugera de la nouvelle alerte causée par cette mesure, en se rendant compte que les Prussiens font venir de Russie, chaque automne, des millions d'oies dont ils font leur principale nourriture pendant l'hiver.

« Ni seigle, ni oies », telle est la formule goguenarde des Russes, en train d'organiser une véritable campagne affamante contre l'Allemagne; sans compter qu'après lui avoir coupé les vivres, ils lui ont également supprimé, comme superflu sans doute, le bois qui aurait pu lui servir à les cuire.

En effet, un troisième rescrit de l'empereur de Russie met l'embargo sur les bois russes à destination de la Prusse, ce qui touche particulièrement Guillaume II, propriétaire d'immenses forêts dans la Pologne russe, d'où provenait jusqu'à présent à peu près tout le bois consommé à Berlin et en Silésie.

En présence de cette pluie d'interdictions, le ministre Miquel a prononcé cette parole mélancolique qui est devenue la devise de l'Allemagne séparée de la Russie:

— Il faut se restreindre.

Nouveaux sujets d'ennuis. — Les Russes à Cherbourg.
Une nouvelle version de l'incendie de Moscou.
La réunion de Fredensborg.
Mesures coërcitives en Schleswig.
La vraie maladie de l'empereur Guillaume II.

Bien d'autres soucis encore vinrent troubler l'idylle nautique de Guillaume II.

Ce fut d'abord la réception de l'amiral Korniloff à Cherbourg, pâle reflet des splendeurs de Cronstadt, mais qui n'en a pas moins excité la verve railleuse, quoique assez pauvre, de la presse allemande. Les journaux satiriques, le *Kladderadatch* en tête, s'en sont donné à cœur-joie sur notre impressionnabilité, mais ils n'ont rien trouvé qui vaille nos propres critiques à ce sujet. Auraient-ils jamais imaginé cette fantastique leçon d'histoire :

— Mes enfants, en 1812, Moscou brûla. Le sinistre,

attribué à tort à Rostopschine, est dû à une imprudence. Les Russes avaient voulu illuminer à cause
de l'arrivée des Français.

Les déplacements de diverses Altesses eurent ensuite le privilège d'irriter considérablement l'empereur d'Allemagne. Il semblait, en effet, tandis que
je *Hohenzollern* se balançait paresseusement sur les
flots de la Baltique, que tous les souverains et les
princes de l'Europe s'étaient donné le mot pour
s'inspirer de l'ancienne humeur voyageuse de Guillaume II. A la réception, plus que froide, du prince
de Naples à la cour d'Angleterre, s'opposait l'accueil
plein de cordialité fait par le Tzar au petit roi de
Serbie, que Paris allait posséder. Dans cette ville, on
signalait également l'arrivée prochaine du roi de
Grèce, en route pour Copenhague, où s'annonçait la
plus étonnante cour plénière de souverains qui se
soit tenue depuis longtemps. Là, en effet, se sont
trouvés réunis, chez le roi de Danemark, l'empereur
et l'impératrice de Russie, le roi et la reine de
Grèce, le roi de Suède, le prince et la princesse de
Galles, bien d'autres encore, une moitié de l'Europe, — la bonne, — avec enfants et petits-enfants.

Quelle différence entre cette réunion de famille
et la tapageuse visite de Guillaume II, l'année précédente! Un souffle de paix semblait planer sur le
château de Fredensborg. On n'y entendait plus ré-

sonner les talons de bottes éperonnées, prêtes à partir pour le Schleswig. Les plaisirs s'y succédaient, discrets, familiers, artistiques. C'était une fête de gens heureux, unis par les liens de l'affection plus encore que par la voix du sang !... A-t-on parlé politique à Fredensborg? Il n'en faut pas douter ! L'Allemagne, inquiète, a vu dans cette intimité touchante l'indice d'une coalition dirigée contre la triple alliance. Plus tard, cette crainte s'est bien autrement accrue, lorsqu'est venue l'affaire des Dardanelles. Mais à ce moment-là, l'empereur Guillaume n'était plus à bord du *Hohenzollern*.

La triple élévation de M. Carnot dans les ordres de l'Eléphant, des Séraphins et de l'Aigle blanc de Serbie vint le surprendre encore en mer, ainsi que les attentions dont nos compatriotes, le comte d'Aunay, notre chargé d'affaires, le général Cabanel de Sermet, détaché aux manœuvres danoises, et les officiers du *Châteaurenault* étaient l'objet de la part du roi Christian et de ses hôtes. Guillaume II s'en vengea sur l'heure en interdisant le débarquement, sur les côtes du Schleswig, de tout navire de touristes danois. Cette mesure vexatoire devait, dans son esprit, produire un grand effet sur les provinces annexées. Elle en produisit en vérité, mais pas précisément dans le sens qu'il lui avait attribué ; car, aux élections municipales d'Apenrade, jusqu'alors favorables aux Allemands, la liste des candidats protestataires danois triompha sur toute la ligne.

C'était une contrariété de plus pour l'empereur allemand. Mais il n'en était plus à compter avec les désagréments de toutes sortes. Chaque jour amenait sa dépêche irritante... Il n'était pas jusqu'à l'Autriche qui s'en mêlât, en refusant, à l'exemple de la Suisse, d'accéder au *Zollverein* européen, une grande pensée de Guillaume II, dont la réalisation devait avoir pour résultat d'isoler la France au point de vue commercial, comme il avait espéré l'isoler au point de vue politique.

A ce moment, las de la mer et de ses brises néfastes, l'empereur, se sentant suffisamment dispos, reprit le chemin de l'Allemagne, où son absence prolongée continuait à préoccuper les esprits.

On eut alors seulement des détails précis sur l'origine des bruits inquiétants qui avaient couru. Un jour de mauvaise mer, Guillaume II causait avec quelques officiers sur le pont de son navire, recouvert de *linoleum*. Un coup de tangage le renversa, et son pied, peu solide, glissa sur ce parquet ciré.

La maladie qui s'en est suivie vient d'être classée par les corps savants sous le nom de : *Morbus linoleus imperialis*.

CHAPITRE XVI

Les manœuvres de Schwarzenau.
Mécontentement de Guillaume II. — Sentiment
particulariste des Bavarois.
Le Prussien détesté. — Une page de haut goût.
Guerre à la Prusse.

A peine débarqué, l'empereur enfourcha son
grand cheval de manœuvres, et, pour s'entraîner,
passa la revue de la garde au Tempelhof.

Puis il partit, accompagné du roi de Saxe, du
chancelier de Caprivi, du général Waldersée et d'une
suite considérable, pour assister à la petite guerre
austro-hongroise.

Ces exercices avaient pour théâtre la vallée de la

Taya, au point médian de la basse Autriche, de la Bohême et de la Moravie. On y a beaucoup remarqué la présence d'un contingent bosnien, appelé pour la première fois à coopérer avec une armée austro-hongroise, ce qui équivaut à une prise de possession définitive de la Bosnie, dont l'annexion à l'empire des Habsbourg n'a jamais été proclamée. Quant au résultat de ces manœuvres de Schwarzenau, on sait combien il fut mièvre. Le premier jour, la confusion fut telle parmi les combattants qu'il fallut, dès le début de l'action, sonner le « cessez le feu » pour rétablir l'ordre. Une autre ois, des régiments entiers furent faits prisonniers par suite du manque de prévoyance des officiers, qui, sans se soucier des changements de tactique imposés par l'emploi de la poudre sans fumée, avaient réglé leur plan de combat d'après l'ancienne théorie.

L'empereur Guillaume se montra fort mécontent de cette expérience. Dans son toast, au banquet qui suit les manœuvres, il but, exhumant une ancienne expression de François-Joseph qui fit quelque bruit en son temps, « aux braves camarades » de l'armée austro-hongroise; mais il s'abstint de toute appréciation sur la valeur et la tenue de cette armée et de son chef, le vénérable archiduc Albert, vainqueur de Novarre et de Custozza. On

prête même au monarque allemand des paroles
marquées au coin d'un profond dépit, et où il se
serait laissé aller à dire que l'Autriche n'était pas
suffisamment prête pour entrer en ligne.

C'est sous cette impression, peu favorable au
programme de la triple alliance, que l'empereur
Guillaume se dirigea vers la Bavière, où se prépa-
raient d'autres manœuvres, dont il ne devait se
montrer guère plus satisfait.

Nous avons eu déjà l'occasion de parler ces sentiments particularistes très accusés qui animent une
bonne portion des habitants de l'antique Bavaria.
Les Prussiens ne sont pas aimés à Munich, et leur
chef n'échappe pas à la règle. Guillaume II sait cela ;
aussi s'est-il, autant que possible, appliqué à ne
froisser en rien les susceptibilités de ses sujets
d'empire.

C'est ainsi que le régent, prince Luitpold, a dirigé en personne les manœuvres, où l'étendard
royal de Bavière a été seul déployé, tandis que dans
le reste de l'Allemagne l'étendard impérial figure,
à l'exclusion de tout autre, en tous lieux où se trouve
l'empereur. Cette nuance peut paraître insignifiante :
chez nos voisins, elle a son importance et carac-
térise un nouvel état de choses plus voisin d'un
pacte fédératif que de l'hégémonie prussienne, rêvée
par Frédéric III et appliquée par Guillaume Iᵉʳ.

15.

Une seule fois, Guillaume II a dérogé, sans s'en rendre bien compte, au programme qu'il s'était tracé. C'est lorsqu'il s'est fait photographier en général bavarois. Plusieurs épreuves de ce portrait ayant été donnés par l'empereur aux princes et aux généraux qui avaient assisté aux manœuvres, l'uniforme choisi par Sa Majesté fut considéré par plusieurs organes de l'opinion comme une offense aux sentiments autonomes des Bavarois.

Ce fut, d'ailleurs, la seule critique que se permit la presse munichoise durant le séjour de Guillaume II en Bavière. Mais il faut dire que les journaux avaient été prévenus officieusement « d'avoir à se montrer bienveillants à l'égard de l'empereur pendant toute la durée de sa présence dans le pays. »

Cette recommandation n'était pas inutile; car depuis quelque temps le ton des gazettes avait atteint les suprêmes limites de l'insulte, en ce qui concerne la Prusse et les Prussiens. Croirait-on jamais que le fragment qu'on va dire émane d'un journal allemand, paraissant dans un état allemand, inféodé politiquement à la Prusse?... Et quel style!

« Tout possesseur d'une gueule glaireuse, d'une gueule prussienne, se croit, à propos d'un méchant accident de chemin de fer sur une de nos lignes, autorisé à nous cracher fiel et poison à la figure.

Ces effrontés Fritzchen ne mettent plus de bornes à leur arrogance. Ah ! malheur, trois fois malheur à nous, d'être enchaînés à ces braillards fanfarons, et de nous trouver, par suite, condamnés d'avance à partager avec eux la volée de bois vert qui les attend à la prochaine guerre.

» Qu'ils restent donc chez eux, ces rustres, ces marauds, ou qu'ils aient au moins la pudeur de contourner la Bavière, lorsqu'ils éprouvent le besoin de promener par le monde leur gueule édentée, leur museau baveux. Nous serons heureux quand nous serons débarrassés de ces faces bouffies de pommes de terre, enivrées de schnaps, et que nous n'aurons plus à vomir à la vue de ces chevaliers du plum-pudding traînant leur face puante à tous les coins de nos carrefours. »

Ces lignes sont extraites du *Tagblatt* de Munich. Un peu plus tard, la même feuille soulignait de réflexions amères les *vivats* qui accueillirent l'empereur à son arrivée dans cette ville :

« On nous reprochera peut-être notre manque d'enthousiasme, disait-elle ; mais il ne faut pas se dissimuler qu'il tient à la situation grave dans laquelle nous nous trouvons. Nous souffrons du renchérissement toujours croissant des subsistances. Les affaires vont mal. On craint qu'une guerre prochaine, partout détestée, ne fonde sur l'Allemagne et n'achève de la ruiner. Dans ces conditions, comment verrait-on d'un bon œil ces pompeuses parades, auxquelles sont conviés nos réservistes, à un moment où leur présence chez eux serait plus utile? Nous l'avons dit depuis longtemps, et nous le répétons : Comme récompense des sacrifices que la Bavière s'est imposés en 1870, du sang répandu de ses milliers d'enfants, la Prusse s'efforce de détruire nos vieilles institutions et de les remplacer par des lois prussiennes contraires aux aspirations de notre génie national. »

Le gouvernement laissa dire la feuille courageuse qui osait imprimer cette protestation, pendant le séjour de l'empereur à Munich ; mais aussitôt après le départ du souverain, le *Tagblatt* fut saisi pour un article violent dans lequel il attaquait la manie des armements et du faste militaire de Guillaume II, « manie qui épuise l'Allemagne et qui, après la prochaine guerre, la laissera complètement ruinée. »

D'autres journaux partagèrent le sort du *Tagblatt*, entre autres la *Patrie bavaroise*, qui décochait cette flèche tardive, mais acérée, à l'hôte disparu du régent Luitpold :

« En lisant les articles dithyrambiques, d'une humilité révoltante, et faux en tous points, de quelques feuilles munichoises sur les événements des derniers jours, on ne peut qu'attraper la colique et pis encore. Comme nous nous étions proposé de ne rien dire pendant la présence du visiteur de notre prince, nous avons dû renoncer au plaisir de laver la tête à quelques personnes bien connues, à propos de leur attitude de chiens couchants. Nous saurons bien les retrouver ; mais leur platitude n'a trompé personne. L'empereur est venu, il a vu, et il a dû faire des réflexions désagréables. Lors de son entrée, il a été acclamé par quelques étudiants et par les soldats ; mais le public de badauds qui s'échelonnait sur le parcours du cortège s'est contenté de regarder curieusement l'hôte du régent. Quelques-uns ont même *fait autre chose...*, ce qui leur a donné l'occasion de faire un tour à la Weinstrasse (la rue où se trouve la prison). L'éclairage électrique a dû coûter des sommes folles, qu'on aurait pu employer plus utilement. »

Curieux détail ! Ce sont les socialistes qui forment le plus clair du contingent impérial en Bavière. Dans un discours récent, un chef du parti, M. de Vollmar, a déclaré, en son nom et en celui de ses amis, adhérer sans restriction à la triple alliance.

De plus en plus bourgeois, les socialistes allemands ! Ils viennent de le montrer au congrès d'Erfurth, deuxième de nom.

Le toast d'Erfurth. — Une traduction mot à mot.
A parvenu, parvenu et demi.
Déclaration de M. de Waldersée.
Une vieille prière. — Les séparatistes allemands.
Le lion hessois. — Une naïveté patriotique.

Nous venons de prononcer le nom d'une ville où les socialistes n'ont pas seuls fait parler d'eux en ces derniers temps. Le toast d'Erfurth accompagnera dans l'Histoire le congrès du même nom. Fidèle à ses habitudes, l'empereur Guillaume, prenant la parole après les manœuvres allemandes, s'est, en cette occasion, laissé entraîner à prononcer des paroles compromettantes. Sa grand'mère n'était plus là pour enchaîner sa langue et il a profité largement de cette émancipation.

Nous avons sous les yeux plusieurs textes de ce discours agressif, sans parler de celui qui a figuré, complètement remanié, suivant l'usage, dans le journal officiel allemand. Chaque feuille a voulu donner sa version ; mais la plus vraisemblable, con-

firmée par de nombreux témoins, paraît être celle
de la *Poste*, dont ce journal, généralement bien informé, garantit les termes. Voici la traduction exacte
et dépourvue de toute préoccupation littéraire, du
principal fragment de cette pièce :

« Je me réjouis que le quatrième corps d'armée
ait mené la parade à mon entière satisfaction ; je
m'en réjouis d'autant plus que les fils belliqueux
de la Thuringe, de la Saxe et de la vieille Marche
y ont pris part. Ici, à Erfurth, est un point sérieux
dans l'histoire prussienne. A cet endroit, le *parvenu
corse* (*der korsische Parvenü*) nous a profondément
abaissés, nous a humiliés de la façon la plus hideuse
(*auf das Scheusslichste geschandet*) ; mais c'est aussi
d'ici qu'en 1813 est parti *l'éclair de haine* (*der Ra-
chestrahl*), qui l'a jeté à terre (*der ihn zu Boden ge-
schmettert*)...

On connaît l'émoi produit par ces paroles, en
Allemagne autant qu'à l'étranger, et l'on peut dire
qu'il était justifié. Si l'empereur a employé, contre
son habitude et ses protestations, un mot français
pour exprimer sa haine contre Napoléon, et surtout
contre la France, c'est qu'il voulait que nul n'ignorât, dans le monde, l'état exact de ses sentiments.

Parvenu a un synonyme en allemand : *Emporkomm-ling*, mais Guillaume II n'a eu garde de s'en servir. *Parvenu* rendait mieux sa pensée, quelque singulier que puisse paraître ce mot dans la bouche d'un descendant de ces Hohenzollern farouches qui sont les parvenus de l'histoire.

Le général Waldersée a, du reste, pris soin de lever les derniers doutes au sujet du toast d'Erfurth, en déclarant et faisant répandre à dessein que « l'intention de l'empereur était d'offenser la France en injuriant la mémoire du seul homme qui représente la grandeur et la gloire passées de la nation française. » On n'est pas plus précis.

A propos du speech impérial, les parallèles entre 1807 et 1891 n'ont pas manqué. Nous n'entrerons pas dans cette voie; mais nous ne pouvons nous empêcher de transcrire ce texte, retrouvé par un pasteur prussien dans les archives de sa paroisse, de la prière que les ministres protestants de la Prusse orientale, comme tout le clergé de cette province polonaise, récitaient tous les dimanches pour le salut de Napoléon Ier :

« Dieu tout puissant, toi qui as créé Napoléon, grand en bravoure, en sagesse et en bonté, qui l'as destiné à vaincre l'ennemi de la nation polonaise et à la rendre heureuse, reçois de ton peuple les remerciements pour ta grâce.

» Exauce nos prières les plus ferventes pour ton oint, l'empereur et roi Napoléon le Grand ; prolonge ses jours, et remplis chacun d'eux de nouvelle gloire. Ne change ni son intention ni son bonheur. Rends-lui, Seigneur, les bienfaits qu'il nous a prodigués, sanctifie son œuvre et fais que la Pologne, reconstituée, puisse fleurir par la vertu, le travail, la civilisation et l'industrie. *Amen!* ».

Les Polonais, courbés sous le joug prussien, ont conservé un fort levain de haine contre les Prussiens qui les traitent encore maintenant en peuple conquis. Ces sentiments éclatent en toute occasion, au régiment surtout, où les Polonais sont conduits sur le même pied que les Alsaciens ; c'est-à-dire fort mal.

A plusieurs reprises déjà, nous avons, ici et autre part, eu l'occasion de signaler les manifestations d'un parti séparatiste qui, sans être coordonné et et sans connaître ses forces, couvre l'Allemagne et s'accroît chaque jour de tous les mécontents que suscite le régime prussien. On ne prête pas suffisamment attention, en France, à ce parti et aux avantages qu'on en pourrait tirer. Nous confondons trop facilement tous les Allemands dans le même ostracisme. C'est un grand tort ! Un seul journal, qu'on ne soupçonnera certainement pas de tendresse à l'égard des Allemands, l'*Alsacien-Lorrain*, relève avec soin les épisodes où se manifestent ces sentiments anti-prussiens. Ils ont leur valeur et fourniront de précieux documents à l'histoire de l'Allemagne sous la domination prussienne.

Dernièrement encore, à l'occasion du vingt-cinquième anniversaire de l'annexion de la Hesse électorale à la Prusse, des individus restés inconnus, mais qu'on croit affiliés à une société secrète dite « du droit hessois », ont couvert nuitamment d'un voile de crêpe le monument élevé, à Cassel, à la mémoire des soldats tués dans les guerres de 1806 à 1813. Ce voile portait en grosses lettres : « *En* souvenir du jour de honte, le 8 octobre 1866 », et au-dessous, à la place du lion qui fait partie du groupe : « *Réveille-toi !* »

Quelquefois, ces manifestations particularistes prennent une forme qui, pour être plus naïve, n'en est que plus caractéristique. Récemment, le pasteur Stœcker, prêchant sa croisade anti-sémitique à Darmstadt, prononçait un de ces discours à grand ramage qui lui ont valu sa renommée d'orateur incendiaire. Selon son habitude, l'ancien prédicateur de la cour impériale déplorait l'affaissement des caractères, la perte des sentiments de fidélité, d'honneur, de délicatesse, qui furent, suivant lui, l'apanage exclusif du peuple allemand. Son éloquence allait croissant. Il préparait un épilogue à effet.

Soudainement, il s'arrête, fixe son auditoire, et s'écrie :

— D'où vient, mes amis, cet esprit du mal ?

Alors, un brave Hessois, sans malice :

— Des Prussiens !

M. Stœcker s'en est effondré dans sa chaire.

FIN

TABLE DES MATIÈRES

CHAPITRE PREMIER

L'ALLEMAGNE SANS LUI

CHAPITRE II

TROP DE FLEURS !

CHAPITRE III

LE MIEL ET L'ABSINTHE

CHAPITRE IV

BISMARCK ET LA FRANCE

CHAPITRE V

LA JEUNESSE DE GUILLAUME II

CHAPITRE VI

LES PLUS PURS DE LA NATION

CHAPITRE VII

LES VACANCES DE L'EMPEREUR

CHAPITRE VIII

UN EMPEREUR FIN DE SIÈCLE

CHAPITRE IX

A L'APPUI DU CHAPITRE PRÉCÉDENT

CHAPITRE X

RÉFORMES SCOLAIRES

CHAPITRE XI

LES ANCIENS ET LES NOUVEAUX

CHAPITRE XII

DE MOLTKE

CHAPITRE XIII

GUILLAUME II CHEZ LUI

CHAPITRE XIV

L'ÉTÉ DE 1891

CHAPITRE XV

LE VAISSEAU-FANTOME

CHAPITRE XVI

UN REVENANT

ÉMILE COLIN — IMPRIMERIE DE LAGNY

www.ingramcontent.com/pod-product-compliance
Ingram Content Group UK Ltd.
Pitfield, Milton Keynes, MK11 3LW, UK
UKHW021508090726
13657UKWH00001B/98